故事里的中国历史

宋元故事

林力平 著

吉林出版集团股份有限公司

版权所有　侵权必究

图书在版编目（CIP）数据

宋元故事 / 林力平著．－－长春：吉林出版集团股份有限公司，2023.6
（故事里的中国历史）
ISBN 978-7-5731-2668-9

Ⅰ．①宋… Ⅱ．①林… Ⅲ．①中国历史－宋元时期－青少年读物 Ⅳ．①K240.9

中国国家版本馆CIP数据核字（2023）第096222号

SONG YUAN GUSHI
宋元故事

著　者：林力平	绘　图：冯戈　高国飞
出版策划：崔文辉	装帧设计：观止堂_未氓
项目统筹：郝秋月	责任编辑：赵晓星　孙瑶
选题策划：赵晓星	

出　　版	吉林出版集团股份有限公司
	（长春市福祉大路5788号，邮政编码：130118）
发　　行	吉林出版集团译文图书经营有限公司
	（http://shop34896900.taobao.com）
电　　话	总编办 0431-81629909　营销部 0431-81629880/81629881
印　　刷	长春新华印刷集团有限公司

开　本：170mm×240mm　1/16
印　张：17.75
字　数：190千
印　数：1-10000
版　次：2023年6月第1版
印　次：2023年6月第1次印刷
书　号：ISBN 978-7-5731-2668-9
定　价：39.80元

（印装错误请与承印厂联系　电话：0431-86059088）

序

我和林力平先生相识已有近三十年的时间了。他待人宽厚，处事随和，给我留下了深刻的印象。相识不久，我得知林先生的祖父就是著名的教育家、历史学家、文字学家林汉达，其家学渊源有自。如今欣闻林老长孙林力平薪火相传，祖孙共著历史故事，真是一大幸事。

记得我在很小的时候，就拜读过林老撰写的《东周列国故事新编》《前后汉故事新编》及《中国历史故事集》，虽然由于年少，尚未从事专职历史研究工作，然而从书里了解到许多历史常识，受益颇深。林老的著作深入浅出，通俗易懂，的确是非常有趣的少儿读物；而林老的大家风范，更是给我留下了深刻印象。

转眼半个世纪过去了，林老的著作在今天仍然有着广泛而深远的影响，是弘扬中华优秀传统文化极好的教材。几年来，林力平先生秉承林老的遗志，事必躬亲，继承和发扬了前辈的治学精神，将这套中国历史故事加以改写和续写，夜以继日地完成了祖父生前的遗愿，洋洋洒洒近80万字，堪称巨制，为广大青少年读者朋友献上了崭新的篇章，也是对林汉达老前辈最好的纪念。

作者在书中娴熟地运用通俗化的语言文字，将千古兴亡的历史故事娓娓道来。读来情趣盎然，新意迭出，颇显家学风骨。书中对主要事件梳理清晰，衔接有序；对人物描绘生动，刻画细腻。清晰明快的语言，将历史人物的心理刻画得惟妙惟肖。文中对话声情并茂，呼之欲出，与人物形象浑然一体；夹叙夹议的写作手法，犹见在理性的思辨中，以饱含人性的笔墨再现千年青史，如同一幕幕的动态影像，呈现在读者面前。

吉林出版集团在林汉达《中国历史故事集》的基础上，融入林力平先生续写的相关部分，将这部中国历史从先秦时期一直讲到清朝末年。这项举措，彰显了出版单位的睿智与魄力。我曾经自拟一副对联："千秋功过评非易；万般学问治史难。"

衷心期盼林力平先生续写完成的《故事里的中国历史》，能够让更多的青少年朋友了解祖国的历史，洞察人类社会发展的大趋势。

北京市社科院历史研究所研究员　王岗

于 2022 年 10 月 30 日

自序

爷爷林汉达生于1900年,是中国著名的教育家、历史学家、语言学家、文字学家和翻译家,曾任燕京大学教授、教务长,中华人民共和国教育部副部长。爷爷生前一直从事教育工作、通俗历史读物写作和中国文字改革工作,是语文现代化的倡导者和推动者。

从上世纪五六十年代起,他开始致力于用通俗化的现代汉语撰写中国历史故事。自20世纪60年代起,陆续出版了《东周列国故事新编》《前后汉故事新编》《三国故事新编》《中国历史故事集》《上下五千年》等作品。爷爷写的这些历史故事文风幽默,通俗易懂,囊括了从我国春秋、战国、西汉、东汉一直到三国末期上千年发生的历史故事,成为我国最早使用通俗语言讲述真实历史故事的开山鼻祖,至今读来脍炙人口,成为千家万户书架上的必备书目。半个多世纪以来,这些作品伴随着一代代青少年的成长,深受广大读者朋友们的喜爱。

祖孙之情,不忘教诲——

我是爷爷的长孙,从小就和爷爷奶奶共同生活在北京西单辟才胡同的一所小院里。记得上小学时,我做完功课就常推开爷爷书房的门,站在他对面按着书桌,调皮地轻声念着爷爷刚写出来的每一个字。他总是从老花镜后面抬眼看我一下,之后继续写他的书。窗明几净的书房里,宁静得只有钢笔尖在稿纸上沙沙作响的声音。

记得上五年级高小毕业班时,有一次放学后,我在爷爷的书桌前站着看他写作良久,就想溜到小院里去玩儿一会儿,谁知刚一挪步,爷爷却开口了:"先别走,今天帮我做点活儿。"我一听爷爷给我下任务,不禁兴奋起来,接着开始按照爷爷的要求,标注书中一些汉字的拼音,誊写一两页爷爷刚刚修改过的手稿,然后用普通话的发音朗读给他听。

从小学到中学,秉承爷爷的谆谆教诲,我至今仍清晰地记得,他给我在语文学习上确定的方向,即"通俗化、口语化、规范化"。这对我一生的学习和写作影响巨大。作为爷爷身边的长孙,我比较熟悉他的行文笔触、用语习惯,并且有幸经常得到他老人家的悉心指导,受益匪浅。

记得上中学时,有一天爷爷把我拉到他身边,语重心长地对我说:"我身体已经不如从前了,希望你将来能够继承我的事业，把我没有写完的历史故事续写完成。"我含着泪听完了爷爷的这番话，默默地点了点头。1972年7月26日，爷爷不幸病逝，享年72岁，我那年才18岁。

继承发扬，薪火相传——

时隔半个世纪，爷爷的这番话时常在耳边响起，只因多年来忙于策划和主持全国艺术创作研讨会的工作，遂将续写林汉达历史故事的任务放在了心中一角。光阴荏苒，转眼到了退休年龄，强烈的使命感促使我重温爷爷生前写下的长篇历史故事丛书。

2020年元旦刚过，欣逢吉林出版集团的赵晓星老师来访，寒暄须臾，在茶香氤氲中，我们很快谈到如何续写林汉达的中国历史故事的话题。在数年之前，她曾在电话里与我谈及此事，那时我忙于工作，觉得这是一件令人憧憬而遥远的事情。如今我们越聊越觉得这件事情意义重大，而且迫在眉睫。

听晓星老师讲，她在学生时代就读过林汉达写的历史故事，从事专业出版工作后，她出版的第一套书也是中国历史故事，可见其心系国史，情有独钟。她希望我能够续写三国以后的历史故事，直至清末。这与我素来的心愿不谋而合，我终于有了一个实现爷爷嘱托的良好契机。能够沿着爷爷的思维脉络，俯身在他老人家辛勤耕耘的禾田里培土育苗，去开垦新的处女地，去拓展新的历史篇章，成为我的光荣使命。

我们决定新编一套《故事里的中国历史》，包括《春秋故事》《战国故事》（改编自中华书局出版的《东周列国故事新编》），《西汉故事》《东汉故事》（改编自中华书局出版的《前后汉故事新编》），《三国故事》（改编自上海少儿出版社出版的《三国故事新编》），以及由我续写的《两晋南北朝故事》《隋唐故事》《宋元故事》《明朝故事》《清朝故事》，前后相加共十册，同时出版发行，以飨读者。

由于工作量巨大，前四本交由吉林出版集团相关编辑进行改编，再交由我审校。第五本《三国故事》由我来改编。随后，我将爷爷撰写的《三国故事新编》原稿反复通读，根据历史人物的主次、事件的大小，以及对后世影响的轻重来悉心衡量比对，由此勾勒出主体框架，再精心挑选出人物与事件相对重要的部分，进行了前后文有机的联结与凝缩合并，以突出主线的叙事连贯性。

为了承前启后，方便读者阅读，按照爷爷生前的嘱托，运用通俗化的语言，在缩写与改编的过程中，我做到了三个方面的注重：

一、在尊重真实历史事件的基础上，注重对历史人物形象的描写，尤其对人物内心产生的复杂情感进行细致的分析与推敲，旨在多视角地呈现各类人物的性格特征，使历史人物较为客观地走向各自不同的命运，并运用一些蒙太奇的时空叙事方法，方便读者全方位地审视理解和阅读品鉴。

二、对于不同人物的形象塑造，注重设计生动的语言对话来进行描述，从而突出不同人物的性格特征和个性差异，力求声情并茂、呼之欲出。此外，对一些主要战事以电影般的动态描述，再现了兵戎相见的冷兵器时代各种激烈的战斗场景，使故事中的人物跃然纸上、栩栩如生。

三、运用国粹韵辙知识，注重行文的流畅性与对仗的工整性。同时，将古代官文书信中的文言辞藻，运用相对通俗化的阐释，将士族与大众在语言方面存在的差异，通过采用不同层面的语汇来进行表达，以体现故事中特定人物的真实性。

夜以继日，事必躬亲——

缩写爷爷的原稿，是一件极具挑战性的事情。我十分慎重地对照着爷爷的原著，逐字逐句地进行通读和精选篇章，以点带面地将人物和事件进行有序串接，做到既有铺陈又有重点；对前后章节的叙述，在注重故事衔接的基础上，去枝除蔓，以突出主线。当我夜以继日地默读着爷爷的原稿，字里行间，他老人家的言谈话语、音容笑貌，仿佛历历在目。

将爷爷的书稿保持通俗化的特有风格，继承和发扬老少皆宜、通俗易懂的大众化语言，使真实的故事让读者能够朗朗上口，是本书创作的宗旨。为了适应新世纪读者的阅读方式和语言习惯，酌情采用了一些新词汇和新语境的表述方法；对现今已不常用的表达方式，亦酌情做了必要的调整。

通过三个月的努力，我将爷爷的120章、50万字的三国故事原稿，改编缩写成60章，13万字。接着进行后五册续写续编的工作，在此期间，我悉数浏览、翻阅参考了各经典史书里的记载，通过反复鉴别，仍然采用缩写林汉达《三国故事新编》的原则和方法，将艰涩、冗长而繁杂的历史事件甄选出重点，并始终遵循以略带京味儿的通俗化语言来进行表述，在避繁就简的故事叙述中，力求描述得真实准确。

为了拓展读者的视野，满足多元的阅读需求，在一些篇章里，我还加入了一些有关文化艺术、科技方面的故事，旨在让读者了解不同历史时期科技文化的发展成果。与此同时，按照爷爷生前在语言上提倡的"三化"要求，力求做到朴实无华、通达明快。

手绘插图，相得益彰——

该套历史故事的插图，由美术功底深厚的名家绘制，形象生动、造型准确、人物传神，惟妙惟肖地体现了书中故事的主题，与文字内容相得益彰，使读者尽享绘画艺术的陶冶，领略名家插图的风采。

作者期待，明鉴历史——

通过广泛阅读史料，融会贯通，加工提炼，为此笔耕不辍，历时近三年之久。今天，这套新出版的《故事里的中国历史》

终于要面世了。为此，衷心感谢广大读者朋友们的殷切期待！感谢出版单位全体团队的精诚合作！感谢业界名家们的大力支持和热情的鼓励！

在此，由衷地期待广大青少年和各界朋友，能够喜欢这套真实而有趣的历史读物。其中娓娓道来的一个个小故事，如同隐藏在一个巨大的历史宝库里，等待着您来认识发掘，借此梳理千秋，在洞察历史发展的规律中，悉心品鉴那些值得回味的人和事。

2022 年 11 月 18 日　于北京

第十六章 百卷《通鉴》 一〇二
第十七章 蔡京专权 一〇八
第十八章 南北起义 一一四
第十九章 鱼头大宴 一二一
第二十章 李纲抗金 一二七
第二十一章 靖康之耻 一三四
第二十二章 千古才女 一四〇
第二十三章 大破金兵 一四六
第二十四章 郾城大战 一五三
第二十五章 秦桧卖国 一六〇
第二十六章 诗人陆游 一六九
第二十七章 一代天骄 一七五
第二十八章 统一蒙古 一八一
第二十九章 金、西夏没落 一八八
第三十章 西夏亡国 一九三

目录

第一章 木球枕头 ○○一

第二章 辽国的崛起 ○○六

第三章 儿臣皇帝 ○一四

第四章 世宗亲征 ○二一

第五章 陈桥兵变 ○二八

第六章 酒却兵权 ○三五

第七章 无敌将军 ○四四

第八章 契丹英后 ○五一

第九章 澶渊之盟 ○五七

第十章 建立西夏 ○六四

第十一章 元昊称帝 ○七○

第十二章 庆历新政 ○七六

第十三章 古文运动 ○八二

第十四章 "阎罗"包拯 ○八八

第十五章 熙宁变法 ○九五

第三十一章	天骄之死	一九七
第三十二章	金朝覆灭	二〇三
第三十三章	建立元朝	二〇九
第三十四章	襄樊之战	二一五
第三十五章	魂断崖山	二二一
第三十六章	丹心可鉴	二二七
第三十七章	大都政变	二三三
第三十八章	元曲纷呈	二三九
第三十九章	独眼石人	二四五
第四十章	义军争霸	二五一
第四十一章	群雄逐鹿	二五七
第四十二章	元朝覆灭	二六三

第一章 木球枕头

建立近三百年的大唐王朝，由辉煌逐渐走向衰败，最后被唐僖宗赐名为"朱全忠"、说着要竭力"效忠"大唐的朱温给灭掉了。总之，这位皇帝被自己深信不疑的"忠臣"给戏弄了一把，最终丢了江山，实在令后人唏嘘不已。

公元907年，朱温在中原地区建立后梁，定都东京（今河南省开封市）。至此，中国历史上开始了一段大分裂时期，称为五代十国（907—979）。

五代是指唐朝灭亡以后依次定都于中原地区的五个朝代，即后梁、后唐、后晋、后汉和后周。朱温成为五代时期第一个朝代——后梁的开国皇帝梁太祖。那么，十国又是怎么回事呢？

黄巢起义失败以后，藩镇割据现象日益严重，部分实力雄厚的藩镇先后自封为王，形成相对自主的王国。唐朝灭亡后，各地藩镇纷纷自立，其中地处华北地区、军力强盛的政权控制了中原，形成了五代，包括一些沙陀族建立的政权。虽然这五个依次更替的中原政权实力强大，但仍属于藩镇政权，并没有足够的能力控制整个国家。而在其他地区割据一方的藩镇，如前蜀、后蜀、吴、南唐、吴越、闽、楚、南汉、南平、北汉等十个政权，由于历时较长，他们称王也好、称帝也罢，都被后世统称为十国。

这期间时常发生地方实力派叛变夺位的情形，为此战乱不断。纷繁不息的内乱，给北方的契丹族入侵中原带来了机会，当他们建立辽朝以后，在中原地区就形成了汉民族与契丹族长期对峙的局面。

五代十国是中国历史上纷争不断的乱世，是唐末藩镇割据的一种延续，除了为争夺中原而频频引发的战事以外，其他周边的小国相对比较稳定。

朱温刚即位，镇海（今浙江省杭州市）节度使钱镠（liú）速派人赶到东京（今河南省开封市）祝贺，向梁太祖表示愿意称臣。梁太祖听了嘴一咧，才当了皇上没几天，就有人前来俯首称臣，心里实在美得不行，原来这当帝王的感觉真不错，于是马上给钱镠封官加爵。

杭州临安人钱镠，出身贫穷，家里靠捕鱼种田维持生计。他从小喜爱练习武艺，经常带领孩童们舞枪弄棒、射箭打拳。小伙伴们把他当成孩子王，平日就喜欢钻进树林里你追我赶地打仗玩儿，谁都不想离开他。这童年打仗玩儿的快乐情景，一直到他成年后都忘不了。

青年时的钱镠，为求生计做过几年盐贩。后来军队应召，他投奔到浙西镇将董昌手下当了个部将，从此跟随董昌征战。他在童年打仗玩儿时的机灵劲儿，在后来的实战中派上了用场。不久，黄巢起义军南下攻打临安，钱镠带领一小股兵力埋伏在山谷中，以少胜多地把黄巢的先头部队打败了，为此保住了临安城。

由于平叛有功，钱镠被提拔为刺史，随后又升任为节度使。这样一来，他就和董昌各霸一方，分别占领浙东和浙西的地盘，成为浙江两股最大的割据势力。董昌看到自己原来的部下钱镠屡屡被提拔，已经到了和自己平起平坐的地步，心里很不服气，于是发动叛乱，打算自称皇帝。心想："到时候你钱镠再有能耐，还不是都得听我的？"

董昌这边刚有点动静，钱镠那边就警觉起来，他深知这个老家伙一旦称了帝，自己肯定没好果子吃，于是钱镠一不做、二不休，率兵先把董昌给干掉了。这下可好，不但消灭了对手，还立下了平叛的大功，一路飙升，最后被梁太祖封为吴越王，统管浙江全省和江苏省的部分地区，成了吴越国的国王。

封了王的钱镠，开始牛起来了。他命人在杭州修建了豪华的王府，每次出行，都有大批车马队伍前簇后拥地护行，那排场和气派，简直威震半个杭州城。他的父亲钱宽实在看不惯他这种做派，执意住在老家，不愿意沾富贵儿子的光。每次得知儿子要来，就故意避开他。

钱镠每次回家都见不到父亲，心里很不踏实。他一琢磨，干脆一个随从也不带，独自一人悄悄回到老家，这回见着父亲了，马上就问："儿子前来看望您多次，为什么您老不肯见我呢？"

父亲说："儿啊，你有所不知。咱家世世代代靠捕鱼种田过日子，一直都是普普通通的老百姓，从没出过像你这样大富大贵的人。如今你占据了这么大的地盘，树大招风啊！你的敌人也会越来越多，我担心咱们钱家会有大祸降临呢！"

钱镠听完，惊出一身冷汗，忙向父亲说："您放心吧，孩儿明白了，一定记住您这些话。"打那以后，他处处格外小心谨慎，只求发展自己的地盘。从后梁开始，中原像走马灯似的换了几个王朝。为求自保，吴越国一直向这些王朝称臣纳贡，尽管如此委曲求全，也时常受到来自北方吴国的威胁。

在这种动荡不安的年代里，钱镠本能地警觉起来，担心自己夜里睡得太熟，一旦发生什么事情醒不过来，那可就误了大事。于是让工匠制作了一个球形的木枕头，叫作"警枕"，困了就靠着球枕打个盹儿歇一会儿，万一睡熟了，只要头稍微一偏，就会从警枕上滑下来碰到木榻上，人就会立刻惊醒。他还在榻前放了一盘装有粉末的盘子，夜里要是想起什么事情，随手就在粉盘上写下来，第二天见了就不会忘记，提醒自己及时办理。

钱镠不但自身保持着高度的警惕，对部下的要求也毫不含糊。在他的宫殿周围，每天夜里都有士兵值勤巡逻。有一天，值勤的士兵困得不行，一屁股坐在墙脚下打起了盹儿。忽然几颗铜弹子飞来，打得墙上噼啪作响，这袭来的铜弹划破夜空，清脆的撞击声立刻把值勤兵给惊醒了，急忙跳起来观看，眼见铜弹落点精准，颗颗都打在自己上方的墙壁上，惊恐不已。末了得知是钱镠隔着墙打过来的，这才松了口气。钱镠此举既告诫了兵士，又不伤他们的皮肉，兵士们不由得暗暗佩服，从此值勤巡逻，再也不敢麻痹大意了。

有一天半夜，钱镠有意换上便服从北门进城，见了早已关闭的城门，就故意在城外大喊开门，值班的小吏在城墙上对他说："夜深了，大王规定不能开门，明天再来吧！"

钱镠大声说："我是大王派出去办公差的命官，现在急着要赶回城！"

小吏无动于衷，仍然一板一眼地说："半夜三更的，别说你是大王派的人，就是大王亲自过来，半夜也别想进城！"

钱镠没想到碰上个杠头，不管怎么强调理由，人家就是不买账。没辙，只好往城外兜上半个圈子，最后从事先打过招呼的南门进了城。第二天，他把管北门的那个杠头小吏找了来，称赞他坚守军纪，执法严明，当即给了他一笔赏金，以资鼓励。

多年来，钱镠始终谨小慎微、韬光养晦，从而保住了他的统治地位。在这期间，吴越国没有遭到战争的创伤。稳固了统治，钱镠就着手发展农业生产和水利工程。为了防止周边的农田免受海水的侵蚀，他征调民工，修建了钱塘江堤岸和沿江水闸。同时，他还在苏州建立起一支专门筑堤开河的营田军，组织民工凿平了江里的大礁石，使来往船只畅通无阻。由于这些水利工程为百姓带来了实惠，江浙一带的经济逐渐繁荣起来，当地百姓都称赞钱镠为"海龙王"。

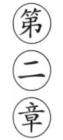

第二章 辽国的崛起

朱温建立梁朝（历史上称为后梁）以后，北方也有两个较大的势力，分别是盘踞幽州的刘仁恭和河东的晋王李克用。这个时期，在东北辽河上游，以游牧为主的契丹族趁着中原混战，悄悄地发展壮大起来。原来，在我国北方有个叫作契丹的少数民族，在四世纪的北魏时期，他们就开始在辽河上游过着放牧渔猎的氏族生活。到了中原大地一片混乱的唐朝末期，很多北方的汉族人为了躲避战乱，纷纷逃到契丹人的部落里求生存。同时，这些汉人把唐朝先进的生产技术带了过去。契丹人觉得对自己有好处，就马上学以致用，因此逐渐壮大起来。

在契丹的八个部落中，迭剌（dié là）部落离中原最近，因此聚集的汉人众多，契丹人从中学到的各项生产技术也最多。这样一来，迭剌部就成了契丹八个部中发展最快的一个。

迭剌部的夷离堇（堇，qín，源于突厥语，契丹部族的军事首领）一直由耶律氏家族的人袭任。872年，名叫耶律阿保机的男孩就出生在这个耶律氏族。耶律阿保机从小才智过人，长大成人后，体格强壮，身材魁梧，练就了一身武艺，他不但能征善战，还很有志向。

901年，阿保机被选为迭剌部的夷离堇，专门负责迭剌部的军事活动。有了军权，好胜的阿保机就不断挑起与其他民族的战争。几年下来，他先后打败了室韦、突厥、女真等民族，还俘获了大批汉人，并在征战中夺取了很多财富。有了这些人力和物资做保障，阿保机的势力很快就超越了部落联盟的首领。

907年，经过一轮新的选举，阿保机当选为联盟首领。他清醒地认识到，契丹还是个落后散漫的游牧民族，在治理国家的一系列制度上，远比不上汉人。为了让契丹迅速强大起来，自己有一天也能像汉人那样当上皇帝，威风凛凛地听众人呼喊万万岁，那该多风光啊。于是阿保机进行了一系列的改革，把继承制度改成了汉人的那一套世袭制。

同年，阿保机率领三十万军队，攻入云州（山西大同），朱温的死对头李克用一看机会来了，打算利用契丹人的军队来对付朱温，就私下跟阿保机在云州城东见了面，双方越聊越投机，最后互相交换了战袍和坐骑（战马），结拜为兄弟，并约定好一起进攻大梁的日子。

没想到阿保机前脚跟李克用称兄道弟，后脚一回到契丹，就收下了朱温派人送来的珍宝和钱币。他见朱温势力比李克用大得多，就立刻派人跟朱温结成了同盟。李克用得知后，一下子气血攻心，差点儿晕过去，没几天就病倒了。直到第二年开春，他不但没缓过劲儿来，在后心的地方又长出个大毒疮，大夫们看过后，没有不摇头的，都说内服外敷的药已经起不到疗效，而割除手术风险太大，唯恐伤及心脏，一时间谁都没了招儿。

李克用这才知道自己活不长了，就把儿子李存勖（xù）唤到床前，低声叮嘱道："我不说你也知道，咱家打了那么多年仗，死伤了那么多的弟兄，这最大的仇家是谁？"

"是梁朝的那个老贼朱温！"李存勖含着泪答道。李克用闭着眼睛点了点头，接着说："还有那个燕王刘仁恭、刘守光父子，全都是我一手举荐，才担任卢龙军节度使独掌幽州，不料他们暗地里背叛我去投靠朱温。唉，这些反复无常的小人！"

"爹爹放心，这两个叛贼孩儿清楚！"李存勖忍不住落下泪来。李克用喘了口粗气，沙哑地说："这第三个仇人……"

话一出口，李存勖就接着说："是契丹人阿保机，他曾与爹爹结为兄弟，说好了共同对抗朱温，结果转身就撕毁盟约，投靠了梁朝。他们都是些口是心非的家伙！"

李克用眯着眼闷哼了一声，心里感到一丝慰藉："你说得对，这三方仇人不灭，我死不瞑目啊！"接着就让侍从拿来三支箭，亲手交给了儿子，嘱咐道："这三支箭，是为了让你时刻记住这三方仇人。将来，只能靠你给咱家报仇了。"

李存勖擦干了眼泪，点了点头，郑重地接过这三支箭，默默地站立在父亲的床前，眼看着父亲咽了气，心里也暗暗埋下了复仇的火种。

李存勖接替他父亲做了晋王，每日操练兵马，风雨无阻。为了报仇，他开始整顿军纪。沙陀部士兵平日散漫惯了，通过他的严格训练，都能保持听从指挥、冲锋陷阵的战时状态，成为一支能征善战的精锐部队。

一旦出征，李存勖就从家庙里取出那三支箭，放在用丝制成的锦囊套中，挎在肩上奔赴战场。这箭囊如同定海神针一般，士兵们见了信心倍增，给军队带来一股无形的力量。每当打了胜仗，李存勖再将箭囊带回，供奉在家庙里。

907年年底，复仇的机会来了，李存勖得知后梁军队在围攻潞州（今山西省长治市），就亲率大军前去救援。潞州是河东的南大门，自901年朱温从李克用手中夺得后，就派心腹大将丁会镇守，丁会因反对朱温弑君篡位，于906年，趁着李克用的义子、晋国名将李嗣昭来攻城时，索性率兵投降了。朱温咽不下这口气，立即派兵围攻潞州。不料一年来久攻不下，反而消耗了朱温不少兵力。这时李克用的援兵赶到，双方一交锋，后梁军队被打得落花流水，大败而逃。士气十足的李家军，仅一仗灭敌一万多人，缴获的军械、辎重和粮草不计其数。

大权在握的梁太祖朱温，正悠闲地在京城里等着拿下潞州的捷报呢，没想到梁军打了个大败仗，朱温大为吃惊，好半天才缓过神儿来，他叹了一口气，对左右说："后生可畏呀！生子就得像李亚子（李存勖小名）那样，好一个子承父业，实在了得！唉，犬子猪狗不如哇！"

打了胜仗的李存勖，始终不忘父亲的临终遗言，继续整顿军队，秣马厉兵，养精蓄锐。一年后，他再次率领大军出征。当先头骑兵部队赶到柏乡（今河北省邢台市北部）时，遇上了后梁的步兵团队，他们知道李家军的厉害，立即跑回城内，始终不肯出城交战。

李存勖采取引蛇出洞的办法，派出一小队骑兵，单独上前挑战，梁军一瞧这点点兵力，实在是白捡的便宜，于是城门大开。只见黑压压的步兵从飞扬的尘土中追杀过来，小队骑兵见了立刻掉转头，为躲避弓箭袭来猫着腰策马飞鞭往回跑。

梁军步兵拼命地追了过去，没多大工夫，连骑兵的影子都不见了。筋疲力尽的步兵，累得气喘吁吁，肚子又饿得咕咕叫，正打算往回撤，李存勖的伏兵突然从两侧冲杀出来，打了梁军一个措手不及，梁军顿时方寸大乱，损失惨重，当场被杀的将士就有两万多人。打这起，后梁军队一听到李存勖的名字就不寒而栗，生怕再遭遇上。

朱温连吃了两个大败仗，又气又恼，越想越不甘心。不久，他集结了五十万大军，决心要灭了李存勖。消息传出，李存勖和将领们在营帐里通宵达旦地讨论，商量对策，最后决定采取各个击破的战术来应敌。朱温求胜心切，他认为后梁军队的数量远超对方，因此有恃无恐。他哪里知道手下兵将早已领教过李存勖的厉害，还没到开战的头一天，大伙儿就心慌了。

果然，一交战，胸有成竹的李存勖兵分几路，横刀直入后梁军，把梁军切成了好几段。几个回合下来，梁军被打得丢盔弃甲，慌乱中根本找不着退路，只好纷纷缴械投降。不大一会儿工夫，遍地都是垂头丧气排着队行走的梁军俘虏，数量远远多于李存勖的人马。朱温气得说不出话，趁乱赶紧一缩头，匆匆逃回了洛阳。回去后，郁闷不已的朱温邪火攻心，一躺下就再也没起来。

912年，朱温知道自己快不行了，无望地对手下说："唉，那不中用的犬子，哪里是亚子的对手？我死了以后，还是传位给养子朱友文吧。"

朱温的三儿子朱友珪做梦都想当皇帝，得知他老子要传位给养子朱友文，气得鼻子都歪了，整天盼着他老子快点病死，自己好马上即位。结果见他老爹天天躺在床上长吁短叹地喘着粗气，一副还死不了的模样，倒快把他憋出病来了。

狂躁不已的朱友珪实在等不及老头子这么不死不活地耗下去，他狠了狠心，干脆一不做二不休，来它个先下手为强。于是带着亲信连夜闯进他爹的床前，一拥而上，没一会儿工夫，就把这个病老头子给闷死了。

第二天，朱友珪宣布梁太祖病亡后，自己马上即了位。913年二月，这个还没当上一年的后梁皇帝，又被他弟弟朱友贞给盯上了。自打朱友珪弑父篡位以后，朱友贞就觉得他爹死得十分蹊跷，但苦于没有证据，只好一直闷在心里。可天长日久，眼瞧着当了皇帝的哥哥那副得意忘形的样子，就气不打一处来。于是发动兵变，将他哥哥朱友珪逼得自杀，自己即位做了皇帝，这就是后梁末帝。

李存勖等朱温死后，开始向第二个目标寻仇。他率军攻破幽州,先后活捉了刘仁恭、刘守光父子,把他们押解到太原后,又转押到晋王李克用墓(今山西省忻州市代县阳明堡镇七里铺)前,命人在墓前杀掉刘仁恭、刘守光父子,以此祭告先父。

916年,耶律阿保机即位称帝,就是辽太祖。生性偏好争战的辽太祖,三番五次地派大军南下抢夺地盘。李存勖心想,现在除了跟后梁末帝作战,逐步收拾朱温的后裔外,就差阿保机的仇还没报了!于是,几番派出大将征战,又亲率骑兵左右迂回,终于瞅准机会,突然痛击契丹军,打得对方猝不及防,四下逃命。阿保机一看败局已定,赶紧趁乱向北方的老窝逃去,再也没敢露面。

李存勖回府后拿出那三支箭,恭敬地放在家庙的供桌上,燃起了三炷香。如今大仇已报,终于可以告慰先父之灵了。

第三章 儿臣皇帝

李存勖报了父仇，接着跟梁末帝又打了十来年仗，直打到后梁快垮台了，李存勖才放了心。923年四月，他在魏州（今河北省邯郸市大名县东北）即位称帝，改国号为唐，史称后唐，他就是后唐庄宗。同年十月，他一鼓作气灭了后梁，统一了北方，把都城迁到了洛阳。

当了皇帝的后唐庄宗再也没有了劳心的事情，就开始高枕无忧、贪图享乐了。他最喜欢看戏，给自己起了个艺名叫"李天下"，平日身披戏装，痴迷于登台表演，整天跟一群伶人（古时称唱戏的人为伶人）混在一起玩儿，再也顾不上什么国家大事了。

有一天，后唐庄宗要封他喜欢的两个伶人当

刺史,大臣们听了心里头实在恼火,就纷纷劝阻说:"陛下新朝刚立,出生入死的将士们还没有得到封赏,怎么能让毫无功绩的伶人当刺史呢?"

没想到后唐庄宗已经昏了头,根本听不进这些话,照样我行我素,这可把一群将士给气坏了。这个戏迷皇帝整天咿咿呀呀的,把朝堂当成戏台,朝臣们都成了观众。从此,再也没人向着他了。

李克用的养子李嗣(sì)源一度被后唐庄宗怀疑谋反,还差点丧了命。这会儿他得到将士们的拥戴,索性壮起胆,真的反了。926年,他看准时机,在魏州起兵反叛,夺取了汴州。

后唐庄宗一看丢了汴州,就准备在洛阳进行抵抗,结果宫内的亲军就像纸包着火,就差烧起来了,这会儿趁机跟着发动叛变,后唐庄宗腹背受敌,根本无力招架。此时,他想起了自己曾听信宦官谗言,错杀了功臣郭崇韬,禁不住喊了声:"报应啊!"话音刚落,一支飞箭射来,正中要害,当场丧了命。

李存勖为了报家仇,打了不少胜仗,虽说扬眉吐气当了帝王,可偏偏是个戏迷皇上,四年来钻进伶人圈里再也没出来。如今戏瘾还没有过足,却不得不往阴间去见那三方仇人了。李嗣源此时顺理成章地继承了皇位,就是后唐明宗。

后唐明宗在位时手下有两员大将,一个是养子李从珂,另一个是河东当节度使的女婿石敬瑭。两人能征善战,可谁也不服谁。等明宗一死,李从珂从闵帝手中夺取帝位,做了后唐皇帝,就是后唐末帝。他对石敬瑭非常忌惮,打算把他挤出晋阳城,调到边远地区当个节度使。石敬瑭心里有数,索性在家装病,死活不肯走。

石敬瑭原本是沙陀部人，眼瞧着明宗的亲儿子李从厚的帝位被李从珂窃取，心里头堵得慌，总盼着能把帝位夺过来。他暗地里召集了一帮亲信，私下商议办法，打算趁机反叛，夺取帝位。后唐末帝一看石敬瑭故意装病不服调遣，猜出他是为了伺机篡位，一气之下，派大将张敬达率领几万人马去攻打晋阳城。石敬瑭那点兵马哪里抵挡得住？眼瞧着城池要沦陷，他急得火烧眉毛。

危急时刻，有个叫桑维翰的谋士向他献计，说："李从珂不过是唐明宗抱来的养子，而您可是明宗的姑爷，自家人即位才是道理。如果能争取契丹帮您出兵解围，将来何愁皇位不到手呢？"

桑维翰的几句话正说到了石敬瑭的心坎上，看来只能求助契丹人，当皇帝才有希望。那时，耶律阿保机已经病死了，他的儿子耶律德光即了位。石敬瑭马上让桑维翰写了一封求救信，信中不但毕恭毕敬地向契丹国主称臣，而且甘愿拜耶律德光做父亲，条件是：只要出兵把后唐军打退，就把雁门关以北的燕云十六州（指幽州、云州等十六州，在今河北、山西两省北部）之地割让给契丹。

石敬瑭部下的大将刘知远实在看不下去，忍不住上前劝道："您向契丹求救，屈尊称臣、送些金银财宝也就罢了，这十六州的土地实在不该割让啊！再说，何必非要认个比您岁数小的外族当爹呢？"

此时的石敬瑭，只要能求得救兵，别说叫爹，叫爷爷都行，哪里还听得进这些话？随即派使者带上信去见耶律德光。

耶律德光一直对中原虎视眈眈，见了石敬瑭的信，嘴都乐歪了。心想：出兵解个围不算个事，能白得十六州这么大片的土地，倒是个新鲜事儿。他更没想到除了称臣,还附带着要给自己当个干儿子。哈哈,真不知祖上是哪辈子烧的高香!虽说这个儿臣有点儿老,但人家也是一厢情愿的。想到这儿,耶律德光不禁轻笑了一下,得意地耍起长腔来:"拾得一个老儿,也罢——"

随后,耶律德光率五万骑兵去救晋阳,石敬瑭为了策应,派刘知远出城对后唐军进行夹击,后唐军腹背受敌,被打得大败,死伤上万人。

晋阳城下,后唐军尸骨未寒,石敬瑭已经点头哈腰地出城迎接自己刚认的干爹了。三十四岁的耶律德光见了这个四十五岁的老儿臣,一时还真有点别扭,又见他死心塌地要归顺的模样,心里头别提多爽了,咧着嘴乐呵呵地对石敬瑭说:"我千里迢迢带兵前来相救,如今总算大功告成。看你的气度和模样,够得上做个天子,我看就封你做个中原的皇帝吧。"

石敬瑭做梦都想当皇帝,没想到来得这么快,假装推辞了一番,经部下桑维翰等人一劝,就不再装模作样了。耶律德光给老儿臣换上一身契丹衣装,打量了一番后感到很满意,就立他为"大晋天子",于是他就成了不伦不类的后晋皇帝,即后晋高祖。

石敬瑭事先以割地作为契丹人出兵的条件,事后他不敢耽搁,生怕惹干爹不高兴,于是马上割让燕云十六州给了契丹。打这起,广袤的河北及山西大地成了契丹人随意进出的场所,后晋的汉人除了迎来送往,殷勤招待外,哪里还用得着防守?

有了契丹人做靠山,石敬瑭心想:后唐末帝等着送死吧。于是领兵南下攻打洛阳。后唐将士一看后晋来势凶猛,不想白白送

死，纷纷缴械投降。原来后唐末帝也是个孬种，早被吓得屁滚尿流，更怕被抓住处以极刑。结果，神情恍惚的他在宫里燃起一把大火，带着全家老小跳进火里自尽了。这个短命的后唐，从此不复存在。

石敬瑭攻下洛阳，正儿八经地做了中原的皇帝，改国号为晋，定都汴州，又叫东京开封府。尽管称了帝，他仍念念不忘契丹人的恩德，一旦要上奏折给耶律德光，就称对方为"父皇帝"，称己为"儿皇帝"。这还不算，这位"儿皇帝"又给了对方额外的好处——承诺每年奉献帛缎三十万匹。尽管后晋卑躬屈膝，摇尾乞怜，却还经常遭到契丹主子的责备。"儿皇帝"手下的官员都觉得丢人现眼，石敬瑭却满不在乎。

在契丹的保护伞下，石敬瑭做了七年不知廉耻的"儿皇帝"，在朝臣背后的一片咒骂声中，总算病死了。他的侄儿石重贵即位，成了后晋的末代皇帝晋出帝。他对契丹没什么好感，向契丹君王从不称臣，只称孙儿。耶律德光挺恼火，觉得这小子目无君主、有意犯上，于是兴师动众地出兵问罪。石重贵不吃这一套，带领后晋军民奋力抵抗，一连两次打败了契丹军的进攻。

946年，耶律德光再一次进犯中原，由于后晋主将投敌叛变，契丹军攻进开封府，晋出帝被俘，押送到契丹，后晋灭亡。

947年春，耶律德光在开封府改国号为辽，自称大辽皇帝。他开始纵容辽兵四处抢劫，闹得开封及周边方圆几百里人烟稀少、牲畜尽失。中原的百姓忍无可忍，纷纷组织义军，奋起反抗。成千上万的义军就像熊熊烈火，席卷中原，他们一连攻下了三个州。耶律德光这才觉得小看了中原的百姓，愤愤地对左右说："没想到中原的汉民这么难对付！"

同年三月，声势浩大的中原义军节节胜利，吓得耶律德光不敢再待下去，就以天热避暑为由退出中原，从开封向北撤去。没想到沿途又遭到义军的袭击，打得他如同惊弓之鸟，一路不得喘息。当狼狈地退到河北滦县又热又燥的沙湖林时，他不巧中了暑，没两天就病死了。

第四章 世宗亲征

　　947年初,后晋大将刘知远看到契丹人在入侵中原后,频频遭到各地义军的反抗,就断定契丹人不过是秋后的蚂蚱,蹦跶不了几天了,于是二月份就在太原称帝,仍沿用后晋的年号,开始积聚力量。当兵精粮足,一切准备就绪之后,刘知远亲率大军南下,很快收复了洛阳,六月进入开封,定都开封后改国号为汉,史称后汉,他就是后汉高祖。

　　谁知刘知远是个短命皇帝,在位仅十个月就病死了。他的儿子刘承祐即位,就是后汉隐帝。别看隐帝才二十郎当的年纪,疑心病却重得很,见几个大臣有权有势,对他这个新皇帝很不屑,根本就没把他放在眼里,便恼羞成怒,末了居然起了杀心，把这几员大将和家人都灭了户，并把领兵在外的大将郭威的家属也杀了。

郭威得知家人被害，不禁悲痛欲绝，又接探子密报，说：隐帝已派出杀手来追杀自己，这不是硬逼着自己造反吗？他怒火中烧，毅然发动兵变。950年，郭威带兵攻入开封，隐帝被将士当场斩首。这个建国还不到四年的后汉，就这样灭亡了。

951年，郭威被将士们拥戴为皇帝，仍在开封定都，改国号为周，他就是后周太祖。周太祖出身贫寒，了解百姓的疾苦，即位后马上对朝政进行了改革，废除了一些苛捐杂税，提倡发展生产、厉行节约，并注重人才的选拔，对贪官进行严惩。在他的治理下，唐末以来混乱的五代时期总算安定下来。

正当后周一步步收拾后汉的烂摊子时，偏偏冒出了一个盘踞在太原的割据政权，史称北汉。为首的就是刘知远的弟弟刘崇。他哥哥的死让他耿耿于怀，为了对抗后周，他奴颜婢膝地投靠了辽国，拜辽国君主为"叔皇帝"，自称"侄皇帝"，并在辽兵的帮助下多次进犯后周，却每次都被周太祖的部将给打了回去。

954年，在位仅三年的后周太祖病死了。因膝下无儿，就由养子、柴皇后的侄儿柴荣继承皇位，成为后周的第二代皇帝周世宗。柴荣从小练就了一身武艺，立志要干一番大事业。

此时，北汉国主刘崇得知后周太祖已死，认为新即位的柴荣脚跟还没站稳，正是进攻后周的好时机，于是勾结辽国，请求对方出兵。自己率领三万大军，从晋阳出发。辽国派出大将杨衮（yǎn）率领一万骑兵赶来助战，两支大军浩浩荡荡地向潞州进发。

消息传到开封，后周世宗决定亲自带兵抵抗，大臣们纷纷劝道："陛下刚刚即位，天下还未太平，社稷不稳，人心浮动。如今皇上不宜亲征，还是派个将军前去应战吧！"

后周世宗不为所动，十分淡定地说："刘崇欺我年轻刚即位，又在我朝国丧的日子里，妄图南下吞并中原。既然他亲自带兵进犯，我怎能不亲自去迎战呢？"

后周世宗坚决亲征作战的决心，不仅感染了朝廷上下的大臣，也鼓舞了战士们的斗志。大战在即，兵马未动，粮草先行，一切都在有条不紊地进行着。

后周世宗率领大军，从开封出发，日夜兼程，没几天就赶到了高平（今山西省高平市）。他们远远望见有两支阵容整齐的军队在徐徐行进，前后有两种不同图案的大旗在随风舞动，定睛一看，正是北汉和辽国的军队。

再看后周这边的将士们，望见对方旌旗招展，尘土飞扬，黑压压的，像一条长龙，根本看不到尾，心里头一下子凉了半截儿，禁不住躁动恐慌起来，都急忙扭过脸来望着后周世宗。

后周世宗的脸上毫无惧色，镇定自若。他把现有的人马分成三个纵队，精锐强悍的主力放在中间，左右两支作为迂回作战、相互支援的机动部队，自己在三个队列中骑马指挥。

刘崇一看后周的人马还不到自己的一半，马上得意扬扬地对左右说："要知道他们才来这点人马，何必还向辽国借兵呢？看来只凭我们的大队人马，就能把周军碾死。"

"是啊，全靠陛下御驾亲征，我军才得以士气高昂、虎虎生威，周军哪里是咱们汉军的对手啊!"左右部下眉开眼笑,随声附和起来。

在一旁前来助战的辽国大将杨衮听了默不作声,一直在仰着脖子观望后周军队的阵形,看了好一阵儿,才转过脸对刘崇说:"你们恐怕有所不知,周军人马虽少,但从布局来看,那三条兵马阵列却是互为补充、暗藏杀机,万不可掉以轻心啊!"

刘崇听了冷笑一声,瞥了杨衮一眼,轻蔑地说:"将军大可不必多虑,小小阵列,不过是雕虫小技,不足为奇,你就等着瞧吧,一会儿打起来,你们不妨在后面先观一观战,看看我北汉军队是怎样破敌的。"

杨衮被羞辱了一番,憋了一肚子的气,咬着牙默默地回到军中。部下见了忙上前询问,杨衮气呼呼地说:"哼,别看刘崇这会儿牛哄哄的,傻狂一气,待会儿他就该受罪喽!"说完,命部队立即退到一箭远的空地上歇息。将士们索性坐在地上,静静地等待双方交战。

刘崇看到后周军的那三小块兵马,恨不得一口吞了它。他得意地盘算着:这真是天赐良机,手到擒来的好事啊!想到这,他扬起马鞭对左右将士说:"这回要叫契丹人好好开开眼,让他们瞧瞧我们是怎么打败周军的,哼,别以为没了他们就不成。"

说完,刘崇大臂一挥,命令北汉军进攻,顿时,一千多个骑兵踏着滚滚黄尘,像汹涌的大潮般倾泻过来,一下子把后周的右军给冲散了,后周的将士们实在抵挡不住,纷纷败退下来。在这关键时刻,后周将领樊爱能、何徽不但不抵抗,还带着骑兵拼命地往回逃跑。这样一来，剩下的一千多后周军步兵可就惨了，除了战死的以外，剩下的全都投降了北汉。

后周世宗见情况危急，立刻双腿一夹，冒着飞来的乱箭，一马当先地冲上去督战。他的两名战将首领赵匡胤（yìn）和张永德各带领两千禁军，紧随其后冲入敌阵，只见尘烟四起，杀声震天，两军厮杀成一团，已分不清后周军还是北汉军。后周军将士们见皇帝都奋不顾身地冲进敌营，一时群情激愤，士气大振，都拼了命似的杀入敌阵，一时山摇地动、喊声震天。北汉军没想到这个不起眼儿的后周军"三小阵"，个个都跟不要命似的杀红了眼，眼瞧着他们以一当十的劲头，北汉军一下子就泄了气，紧接着兵败如山倒，战局明显出现了逆转。

此时一箭地开外的辽军，看得目瞪口呆，大气不敢喘。还不到一袋烟的工夫，居然就决出胜负来了。杨衮暗暗舒了一口气，这时他不但不生气，反而觉得挺解气，不由得从牙缝里骂了句："活该！"刚骂完，又感到一阵后怕。他暗暗庆幸自己没有卷入这场惨烈的战斗。眼看战局胜败已定，他突然一激灵，心想：还不赶紧跑？于是悄悄把手一挥，立刻带着队伍一溜烟儿地撤回辽国去了。

刘崇的北汉军已经被穷追猛打的后周军逼得慌不择路、节节败退。这时候，刘崇才想起辽国杨衮的援军，急忙探头打算呼救，只见刚才还是辽军扎营的地方，这会儿已是一片烟尘，哪里还有辽兵的影子？他气急败坏地大骂了一句："这帮胆小鬼！都是孬种！"接着匆匆带上仅剩的一百多骑兵，狼狈不堪地向晋阳逃去。

故事里的中国历史

经过高平短暂激烈的一战,后周世宗大胜回朝。他马上处罚了临阵脱逃的那两个败将,然后逐一奖赏了作战有功的将士。接下来他继续整顿军队,秣马厉兵,准备再次出征。

在后来的两年里,周世宗先后率兵亲征,攻取了长江以北、南唐的十四个州和后蜀的四个州,收复了被辽国占领的三个州。当他想再接再厉,决心实现统一全国大业、乘胜攻打辽国的幽州时,不巧在途中患了重病。959年六月,只好撤兵退回开封。

第五章 陈桥兵变

从五代开始，中原大地频繁地建立一个个小国家，走马灯似的变换着皇帝。整个中原地区战乱不断，朝政动荡，百姓们流离失所，苦不堪言，大家都期盼着这样的日子快点结束。

到了五代时期的后周，中原大地总算有了转机。后周世宗柴荣即位后，励精图治，东征西讨，北伐契丹，收复了二州三关（公元959年，收复瓦桥、益津、淤口三关及瀛、莫二州），奠定了统一的基础。后周世宗通过减少赋税，发展生产，加强军训等政策，使后周的政治走向清明，经济得到恢复，百姓安居乐业，中原逐渐开始复苏。

后周世宗为了有朝一日完成统一大业，曾立下"朕当以十年拓天下，十年养百姓，十年致太平"

的雄心壮志。长久以来，他被后人誉为"民为贵，社稷次之，君为轻"的践行者。雄才大略的柴荣，虽然在位仅仅五年半，但由他打造的文治武功的后周，为结束藩镇割据局面打下了基础。

可惜的是，这位勤政爱民的国君，在北征契丹的途中受了风寒，返回开封后一病不起，末了壮志未酬身先死，年仅三十九岁。他七岁的儿子柴宗训即位，就是后周恭帝。一个娃娃皇帝，怎么可能完成统一的大业呢？于是，朝廷上下都把希望寄托在后周大将赵匡胤的身上。

赵匡胤（927—976），字元朗，出生在洛阳夹马营，祖籍河北涿州。他家世代都是将领，他年轻时就爱舞枪弄棍，练得一身好武艺。郭威被拥为后周太祖的时候，赵匡胤就参了军，跟随郭威南征北战。后来后周世宗即位，赵匡胤又跟着后周世宗冲锋陷阵，立下了不少战功。后周世宗任命他为殿前都点检，掌管殿前禁军，归他指挥的那支禁军成为后周最能打仗的精锐部队。

五代时期，武将夺取皇位的情形经常发生，如今世宗驾崩，人心浮动，纷纷传言赵匡胤军权在握，夺取皇位恐怕是早晚的事情。

960年正月初一，后周皇宫里张灯结彩、喜气洋洋，年幼的后周恭帝正在乐呵呵地接受大臣们的顶礼膜拜呢，突然，有人急报军情，说北汉和辽国军队联合在一起，率领十多万兵马前来攻打后周边境，情况十分危急。

少帝一听，小脸都吓白了，呆坐在那里看着宰相范质。范质和大臣们都感到情况来得突然，一时真假难辨。范质只好采取保守的办法，上前一步说："启禀陛下，大军压境，情况危急，依臣的办法，只有派赵匡胤将军带兵北上，才能打退敌人。"其他大臣听完都纷纷点头，称赞宰相考虑得周全。小皇帝立刻下诏，命赵匡胤领兵抗敌。

小皇帝和范质哪里知道，边境连北汉和辽国联军的影子都没有。原来，这一切都是赵匡胤事先安排好的。赵匡胤看到有很多人支持自己，就动了篡位的心思，想把少帝替下来，自己来做皇帝。经过和军师赵普、弟弟赵光义密谋，想出了这个计策。

一听到小皇帝下诏出征，赵匡胤心里别提多高兴了，一切都按他的计划行事。第二天清晨，他戎装上阵，带着兵马轻轻松松地出了京城，一直往东北方向行进了二十多里地，快天黑时到达了陈桥驿。赵匡胤命部队在这里安营扎寨，原地休息。

当士兵们生火做饭时，赵匡胤指使自己的心腹到营帐去游说，见人就喋喋不休地念叨起来："咱们的三军统帅、殿前都点检才是真龙天子，应当做皇帝。"将士们一听，纷纷议论起来，有的说："当今皇上年幼无知，哪里知道我们在前方打仗的辛劳？大伙没有功劳也有苦劳啊！"有的说："只有赵点检才真正了解我们的艰辛。"其中一些将领和赵匡胤以前拜过把兄弟，听到大伙这么拥戴自己的大哥，都兴奋得不行，恨不得马上把赵匡胤抬到皇位上去。

将领们越说越起劲儿，根本无心睡觉，索性一扎堆，拥进了赵匡胤的弟弟赵光义和军师赵普的大帐，对他们二人说："两位大人，如今大势所趋，我们已经商议好了，既然少帝年幼无知，决定拥立赵点检做皇帝。"

两人听了心里暗暗高兴，赵光义还想探个虚实，不动声色地说:"现在正是国难当头,拥立皇帝的事,我看还是打败了辽兵再说吧。"

将士们一听急了,纷纷表示:"我们先回去拥立点检做皇帝,然后再出征也不迟。国不可一日无君,现在局势瞬息万变,大家心里没底,怎么能尽力报国呢?"领头的那个将领一激动,随手拔出剑往地上一戳,以示拥立新帝的决心不可动摇。

军师赵普一看,觉着火候差不多了,就起身对大家拱拱手说:"弟兄们都别急,只要大伙齐心协力,点检就一定能当上皇帝。"

赵匡胤躲在自己的营帐里虽然没露头,可也一直没闲着,时刻都在探听外面的动静,这会儿见探子来报,得知将士们一致拥立自己为帝,心里乐开了花儿,高兴得一夜都没合上眼。

第二天清晨,天刚蒙蒙亮,赵普和赵光义就带着将士们向赵匡胤的营帐走来,大家一边走一边喊:"拥立赵点检!拥立新皇帝!"躺在床上的赵匡胤一听,生怕自己忍不住乐出声来,连忙拉起被子一蒙,好让自己定定神。心想,这些精心安排的计划,就差最后这一哆嗦了,这会儿可不能露了馅儿,于是故意打起了呼噜,假装睡着了。

将士们一进营帐,顾不得赵匡胤的呼噜声,就把他给叫醒了。如梦初醒的赵匡胤揉着眼睛,一脸茫然地坐了起来,还没来得及开口,就见属下七手八脚地抖搂出一件大黄龙袍,呼啦啦地披在了赵匡胤的身上。再转眼一看,只见几位将领已跪在床前,连声高呼:"吾皇陛下,万岁!万万岁!"

赵匡胤使劲儿沉住气,装作很不情愿的样子,严肃地说:"诸

故事里的中国历史

位快快平身,我可没想过要当皇帝,你们这不是为难我吗?"

众人又齐声喊道:"拥立赵点检!拥立新皇帝!"

赵匡胤连忙摆了摆手说:"诸位快快请起!苍天在上,看来众愿难违啊。也罢,既然你们立我为帝,为了江山社稷,以后可要听我的话!"

"是!"将士们异口同声作答。当天,赵匡胤身披黄袍,在左右将领的陪同下,带领大军浩浩荡荡地回到了京城。这就是继五代十国后,历史上有名的"陈桥兵变"。来回行军的步兵们感到很奇怪:北汉和辽国联军的人影怎么没见着呢?后来见将领们兴高采烈地簇拥着一个身穿黄袍的人,也就稀里糊涂地觉着,大概早就被这个黄袍"皇帝"吓跑了,毕竟皇帝亲征,龙威大震嘛。

守城大将王审琦、石守信早就和赵匡胤达成了默契,就等着新帝回朝这一天呢。如今大军一到,他们立刻就开了城门。

宰相范质一见赵匡胤被众人簇拥着前来,如梦初醒,深知自己根本不是他的对手,连忙俯身跪拜。其他大臣一见当朝宰相都跪下了,也纷纷下拜高呼:"陛下隆恩浩荡!万岁!万万岁!"

赵匡胤满面春风地摆手示意:"诸位免礼,快快请起!"他一路微笑着进了皇宫,小皇帝一见这个架势,赶忙摘下皇冠,交出了玉玺,赵匡胤乐呵呵地看着娃娃皇帝退到一边,满意地点了点头,不慌不忙地坐到皇位上。等文武百官一聚齐,他就改国号为宋,自称宋太祖。至此,开启了北宋王朝的历史帷幕。

赵匡胤在位期间,依据宰相赵普提出的"先南后北、先易后难"的策略,首先致力于统一全国的征战,先后灭掉了荆南、武平、后蜀、南汉以及南唐等南方割据政权，完成了全国大部分地区的统一，终于结束了五代时期长达五十多年的混战局面。

第六章 杯酒释兵权

赵匡胤做了皇帝后，按照五代时期的惯例，对拥戴他的将领大加封赏，并派往各地任节度使等要职。可是不到半年，从前后周的两个节度使因不服赵匡胤，先后发生了兵变。宋太祖立即带兵出征，费了一番周折才平息了叛乱。

这件事让军师赵普警觉起来，他私下劝宋太祖说："宋朝虽然恢复了往日的平静，但叛乱这件事可不是偶然发生的。"话没说完，赵普有意停顿了一下，宋太祖急着想听下文，忙催促道："嗯，爱卿接着说。"

"为臣担心，这些手握兵权的将领，虽然对陛下您忠心耿耿，但万一他们的部下再发生兵变，那可是防不胜防啊！"赵普索性点了题，说出了他心里的担忧。

宋太祖叹了口气，沉重地说："爱卿所言极是，看来是得防患于未然哪。"

两天过去了，宋太祖耳边还时常响起赵普那些话，他越想越不是滋味，身为一代国君，本应治理国家，振兴社稷，可眼下总担心有人要来夺皇位。这不，没几天就把自己整得茶饭不思了。他只好把军师赵普找来，问："自从唐末以来，中原大地战乱不断，百姓遭殃，短短五十多年就经历了五个朝代，换了十多个皇帝，这到底是什么缘故呢？我要使国家长治久安，停止战乱，你有什么好法子？"

赵普说："回禀陛下，国家所以混乱不堪，毛病就出在将领们的权力太大，朝廷的权力被严重削减，由此形成了君弱臣强的局面。只要收回他们的兵权，由朝廷掌控，天下自然就太平了。"

宋太祖听完这几句话，连连点头说："爱卿言之有理，那下一步该怎么办呢？兵权可是最敏感的东西，总不能平白无故地说收就收啊！"

赵普接着建议："陛下可以一步步来，掌握禁军的那两个人权力太大，不妨先把他们调到外地去任职，往下就好办了。"

"你是说石守信、王审琦吧？"宋太祖明白他在指谁。

赵普点了点头，说："当年陛下就是靠这些禁军将领，才代替少帝做了皇帝，所以更要防范掌握禁军大权的人啊。"

宋太祖微微一笑，说："你放心，他们两人都是我的拜把子兄弟，生死之交，绝无二心，不会有什么事的。"

赵普可不放心，继续打开天窗说亮话："我也相信他们对宋朝的忠诚。但如果禁军将领手下有人贪图富贵，想拥立他们的将领当皇帝，也来一场黄袍加身的兵变，也不是没有可能呀！一旦有哪个将领被龙袍披在身上，恐怕就身不由己喽！"

宋太祖听了一愣，脑海里立即闪现出陈桥兵变的那一幕，不觉惊出一身冷汗，忙说："多亏爱卿提醒，朕心里有数了。"

事后，宋太祖琢磨着，要直接解除将领们的兵权，肯定会引起众将不满，说不定他们会仿效那两个节度使突然造起反来，那不就引火烧身了吗？

宋太祖绞尽脑汁想了一夜，既不能伤了将领们的感情，又得让他们把兵权乖乖地交出来，实在是难啊。当天蒙蒙亮时，忽然有了个念头在心里一闪，他禁不住喜上眉梢：呵呵，总算有招儿啦。

961年七月的一天晚上，宋太祖在宫内大摆筵席，宴请他曾经结拜的兄弟们，这些兄弟都是当年拥戴赵匡胤"黄袍加身"的功臣，一个个都是北宋王朝执掌兵权、呼风唤雨的将领。

应邀而来的将领们看到满桌丰盛的酒宴，开心得不行，簇拥着皇帝推杯换盏，好不热闹。有的弟兄回忆起自己在陈桥驿对赵匡胤的效忠行为，言语间充满了自豪感，频频举杯，没一会儿，就借着酒劲儿发起一番豪言壮语，发誓要跟大哥继续打江山、平天下、立新功。

赵匡胤见他们一个个在表忠心，笑眯眯地说："爱卿的辛劳大哥心里有数，要不是当初有你们鼎力相助，哪儿有我今天的皇位啊！好啦，过去的事尽在不言中，都在今天的酒里了。干！"

说完一饮而尽。

酒过三巡，众将喝得半醒半醉、酣畅淋漓，几个大将忍不住互相猜起拳来。酒气冲天的大厅里，一派君臣祥和的景象。此时，宋太祖却突然放下酒杯，满脸愁容地叹了一口气。众将见了一愣，齐声问道："陛下，您这是怎么了？"

宋太祖神情沮丧地说："不瞒各位，别看我做了皇帝，还真不如当个节度使来得自在呢。这一年多来，我一天安稳觉都没睡过，哪里比得了你们无忧无虑地活在世上啊！唉，苦啊！"

哥几个听了直纳闷儿，石守信忍不住问："陛下贵为天子，妻妾成群，满朝文武，富可敌国，您这受的是哪门子的苦啊？"

"是啊，如今天下太平，百姓安康，谁还会威胁到我们大宋王朝的安全呢？"王审琦也诧异地问。

听众将这么一说，宋太祖就把话挑明了，说："这有什么奇怪的，谁不想富贵当皇上啊？"

话音刚落，引起一阵骚动。宋太祖看见大家诚惶诚恐的样子，他索性站起身，慢悠悠地在长桌前踱着步说："我相信你们忠心耿耿，天地可鉴。可谁又能保证你们的部下哪一天会不会把黄袍披在你们的身上呢？虽然你们不愿叛离我，可到时候就由不得你们喽！这不，刚才还听你们念叨来着，夸了我半天，其实我不就是这么起来的吗？"

听宋太祖这么一说，哥儿几个的酒劲儿全被吓醒了：难道皇帝怀疑众将领有反叛之心？大伙慌忙扭头盯了一眼大殿门口，生怕有卫兵冲进来抓人；再细观幕帘后面，也没见有什么动静，可谁知会不会有刀斧手埋伏着？瞬间，大伙面朝皇上，哗啦啦地跪倒了一片。

石守信一看这架势，感到大祸临头，瑟瑟发抖地跪着替大伙说情："臣等都是粗鄙之人，实在愚钝，从没想过这些隐患。陛下隆恩浩荡，英明卓绝，为防患于未然，恭请陛下，给微臣指条明路吧！"

其实，这些心直口快的将领谁也没有反叛的心思，恨不得还要为皇上立功呢！俗话说，脚正不怕鞋歪，可这会儿谁都怕穿上这只反叛的歪鞋，即使脚再正，照样会被拧得七扭八歪。不多一会儿，也不知怎的，大家都莫名其妙地觉得自己有罪了，再也没有了表忠心的勇气。

宋太祖听完石守信的央求，闲庭信步地转过身来，回到了座位上，微微地点点头说："众爱卿平身，其实，人生如白驹过隙，世人都会随棺入土，不如多积点家产给子孙后代，去享受含饴弄孙、颐养天年的好日子，这样一来，咱们君臣无猜，该多好哇！"

石守信等人终于明白了宋太祖的意思，赶忙带头高喊："叩谢陛下洪恩！"众人忙跪下齐喊："吾皇万岁！万岁！万万岁！"

宋太祖早就想好怎样安置他们了，说："这样吧，回乡前不妨先把兵权交了，这样才能如释重负。朕会给你们每人分发足够安置家业的银两，你们回到家乡买些房产田地，再给儿孙们置些家业，肯定能过上富裕美满的日子。今后我们照样可以兄弟相称，自然也就相安无事，这不是两全其美的好事吗？"

众将听完，急忙叩头谢恩，连连赞道："陛下想得太周到了，

故事里的中国历史

这样安排最好不过！"

"众爱卿平身，今晚一醉方休！"宋太祖说完，得意地笑了笑，于是众将各自起身回到座位上。

这会儿君臣之间都已表明了态度，双方再也不用顾及什么了。既然君臣和谐，当然继续喝酒。可往日威风凛凛的将军们，虽然迎着皇帝举起酒杯，却再也品不出美酒的醇香味道，只觉得黄连在喉，苦涩难咽。刚才喝高了的那几位弟兄，一想到性命攸关，早已噤若寒蝉，再也不敢胡乱炫耀那段往事了。

虎头蛇尾的酒宴总算熬过去了，回过味儿来的将领们，都觉得皇帝这酒宴的套路实在太深！尽管都是些拜过把子、同生共死的兄弟，可今晚的宴请，敢情是以酒卸兵权呀！

次日上朝，将领们纷纷上表奏疏。年轻的将领声称父母年迈多病，请求辞官还乡尽孝；岁数大些的不是说头痛难忍就是腰腿病又犯了。总之，不能继续带病供职朝廷，恳请陛下恩准早日回乡。在一旁的大小太监们前晚都不在场，这会儿听完众将辞官的请求，一个个目瞪口呆。

这一天，宋太祖跟喝了蜜似的，高兴得不行。他把奏折统统堆放在几案上，眉开眼笑地一一照准。接下来一展隆恩，如同施舍一般，给这些曾经为他出生入死的弟兄们发放些许银两，打发他们各自还乡。

这就是历史上著名的"杯酒释兵权"的故事。

宋太祖打发走了这些拜把子兄弟后，心里那叫一个踏实，连觉也睡得香了。如今他军政大权独揽，就开始琢磨怎样统一全国的大事了。在一个风雪交加的日子里，宋太祖心血来潮地来到军师赵普家中，君臣二人商量了一番，最终决定了先南后北的征讨计划。

这以后，大致花了十年的工夫，宋太祖先后灭掉了南平、后蜀、南汉这些南方割据的政权，剩下江南的南唐和吴越，虽然地盘大，但宋太祖听说那些国主历来昏庸无能，心想：这事就好办多了。他在宫里独自踱来踱去，最后往床上一躺，开始了漫无边际的遐想。

961年即位的南唐国主李煜（yù），史称南唐后主，喜好文学，擅长作词，对音乐书画也很精通。就是不懂治国的道理，跟他老子唐元宗李璟一样，丝毫不敢得罪宋朝，还委曲求全地改唐国主为江南国主，不但自愿称臣，每年还向宋朝进贡大量的金银财宝。可这点玩意儿，哪里挡得住宋太祖一统全国的决心呢？

李后主就这么窝窝囊囊地当了十三年的国主，到了974年十月，大宋军队攻进金陵，南唐溃不成军，一败涂地。末了，李煜还是做了亡国奴。

从一国君王沦为阶下囚的李后主，度日如年，每天哀伤凄楚地以泪洗面。在这期间，他写下了不少表现悲切情愁的词篇。尤其是那首脍炙人口的《虞美人》：

"春花秋月何时了，往事知多少。小楼昨夜又东风，故国不堪回首月明中。雕栏玉砌应犹在，只是朱颜改。问君能有几多愁？恰似一江春水向东流。"

这首词至今被人们广为传诵。

宋太祖先后征服了南方各国，听说剩下的那个吴越国的国主钱俶（chù）也是个软柿子，拿下它还不是迟早的事情？如今让宋太祖忌惮的倒是北方的辽国和占据太原的北汉。一想起强悍的辽国，宋太祖脑袋就疼，躺在床上辗转反侧。

原来，自916年耶律阿保机称帝后，他率兵南征北战，地盘越占越大。不久，契丹就成了我国北方一个强大的少数民族政权。947年，耶律阿保机死后，他的儿子耶律德光即位，改国号为"辽"，即辽国。

宋太祖躺在床上想来想去，总觉得契丹这块骨头不好啃。

最后他决定了，还是先去攻打太原的北汉吧。

第七章 无敌将军

当宋太祖完成了一多半先南后北的计划后,就打算灭了北汉再收拾南边的那个小国。北汉得知大宋要来征讨,马上请辽国出兵相助,结果宋军进攻受阻,只好先退了回来。976年,刚刚五十岁的宋太祖一病不起,想起还没有完成的统一大业,心里就堵得慌,末了还是病死了。他的弟弟赵光义即位,就是宋太宗。

宋太宗即位后,秣马厉兵,决心继承他哥哥的统一大业。979年,他兵分四路,率领大军浩浩荡荡向太原进发。北汉又求助辽军帮忙,可这回宋军的伏兵从两路夹击,辽军被打得晕头转向,再也顾不上北汉,稀稀拉拉地一路向北落荒而逃。

援军一退,太原城被宋军围得水泄不通,眼

看快要断粮了，北汉国主刘继元只好亮出白旗投降。他的部下有一名老将叫杨业，宋太宗早就听说他有个"杨无敌"的称号，如今见他武艺高强、英勇善战，就一心想收留他。杨业见守城无望，又见宋太宗对自己格外器重，就归附了宋朝。宋太宗喜出望外，不但赏赐给他银两，还让他担任了郑州刺史。

宋太宗灭了北汉，想一鼓作气，把被辽国占领的燕云十六州统统收回来。于是，宋军一路北上，攻势凌厉。沿途的辽国守将一见旌旗招展的宋军，长长的队伍望不到尾，吓得纷纷投降。宋军一路畅通无阻，一口气儿打到了幽州（今北京地区）。

宋太宗下令猛攻幽州，不料半个月也没能打下来，反而让辽国的守军等来了援军，两军在高梁河（今北京城西）打了一仗。因宋军在攻灭北汉后疲惫不堪，一路得不到休息，所以一交战就败下阵来。宋太宗腿部受了重伤，慌乱中乘上一辆驴车才逃回京城。

辽军在高梁河得了便宜，此后就不断派军队侵扰宋朝边境。宋太宗想到了杨业，就派他出任代州（今山西代县）刺史，镇守雁门关。

980年三月，辽国派出十万大军侵犯代州以北的雁门关。当时杨业手下只有几千人，面对强敌，他决定以少胜多，以智取胜。杨业避开和辽军正面作战，把大部分人马留在城内，自己悄悄带领几百名骑兵，乘着天黑绕到北面辽军的后方。

辽军一路南下，如入无人之境，刚开始得意，突然背后响起一阵鼓声，只见杨业一马当先，率骑兵们冲进辽军队伍里又劈又砍。辽军毫无防备，面对气势逼人的宋军，个个儿都慌了神，根本无心抵抗，最终被杀得大败而逃。杨业带领骑兵紧追不舍，击退了大批辽兵。混战中，杀死了辽国的一位驸马，还生擒了一员大将。

这一仗，把辽国人的士气给打没了。此后契丹人提起杨业心里就发毛，一旦看到打着"杨"字旗号的军队，就吓得慌忙改道避让，从不敢正面交锋。此后，"杨无敌"的声望越来越高了。

杨业打了胜仗，一时名声大噪，宋太宗高兴得给他升了官，结果引起了一些同僚的嫉妒。他们生怕杨业的声望和地位会超过自己，于是纷纷上疏说杨业的坏话。宋太宗听了不为所动，知道这是群臣心存妒火在闹事儿。为了表示对杨业的信任，他把那些奏疏统统封存起来，派人交给了杨业，杨业感动不已，决心要全力报效宋朝。

过了些年，辽景宗耶律贤病死了，即位的辽圣宗耶律隆绪只有十二岁，不能独自理政，由他的母亲萧太后执政。宋太宗接到一个守边将领的奏疏，上面写道："陛下，辽国当下是个娃娃当朝，政局不稳，这正是我们收复燕云十六州的机会。"

宋太宗看了自言自语地说："天赐良机也。"

986年，宋太宗派出三路大军，重新踏上北伐的征途，并让杨业做了西路军主将潘美的副将。

西路军出了雁门关，将士们觉得有杨无敌大将坐镇，信心满满，很快就收复了山西境内的寰州、朔州、应州、云州。不料东路军孤军深入至辽军主力一侧，因人生地不熟，被辽兵团团围住吃了大亏，一路败退到内地，中路军听说后也不敢贸然前行。宋太宗赶忙下令三军退兵。

宋军一退不要紧,原本打下来的寰州和应州又快要丢失了。眼看着百姓又要遭殃,情况十分危急。此时潘美、杨业接到圣旨,要求他们掩护四州的百姓退到宋朝境内。当他们正忙着部署兵力护送百姓撤退时,辽军的十万兵马已经夺回了那两个州。

杨业向潘美建议:"形势万分火急,只能立即派兵假装进攻应州,把敌军主力吸引过来,趁着空隙,派将士迅速分道带领各州百姓南迁。同时派精兵坚守雁门关口,接应和掩护百姓撤退。"

潘美听了杨业的建议没吭声,一旁的监军王侁(shēn)却满不在乎地开了口:"我们有几万兵马,还怕打不过他们吗?依我看应该沿着雁门大道,大摇大摆地朝着朔州行军,也好让敌人见识一下我们的军威。"

杨业眉头紧蹙地说:"现在明摆着敌强我弱,如果按你说的这么硬干,我们非败不可。"

王侁冷哼了一声,嘲笑地说:"杨将军不是号称无敌吗?怎么到了关键时刻却不敢和辽军交战了呢?不会是另有打算吧?"

杨业听后愤怒地说:"我是另有打算,就是以少胜多,以智取胜的打算。你难道忍心让士兵们白白去送死吗?再说,我死有何惧?既然你说我畏敌,我打头阵就是了。"

杨业临行时忍不住流着泪对潘美说:"我这次出兵,必败无疑啊。本想看准时机杀敌立功,报效国家,如今却被人责难畏敌不前!也罢,大丈夫情愿战死疆场,也不愿平白受辱!"

杨业边说边翻身上马,指着前面的陈家峪(峪,yù,今山西朔县南)说:"希望你们守候在谷口两侧,埋伏好步兵和弓箭手,待我兵败退到那里，你们及时伏击敌军，或许还有一线胜算。"潘美担心杨业临行前再改变主意，马上点了点头。

杨业出兵往朔州，去了没多久，果然遭到了辽军的围攻。杨业虽然英勇奋战，终究寡不敌众，只好边打边退。从正午打到夕阳西下，辽军兵马越打越疯，一路追杀到了陈家峪。

杨业一心盼着潘美会带着军队冲出来，万万没想到山谷两边静悄悄的，连个宋兵的影子都没有。原来，王侁担心杨业誓死一拼，没准儿打赢了再回来，万一被他抢了头功，到时候自己可就没面子了，于是催促身旁的潘美，把军队全部撤走了。

杨业见陈家峪没人接应，气得青筋暴跳，只好回过头来再和辽兵展开搏斗。此时辽军像潮水一样涌了过来，杨业带领士兵奋力拼杀。鏖战的时候，随同杨业出征的儿子杨延玉和几个将领都牺牲了，身边的士兵越打越少，只剩下一百多人。

杨业万分悲痛，挥泪向士兵们喊道："你们都有家人，赶快突围吧，活一个算一个，不要管我！"士兵们听了感动得热泪盈眶，谁也不忍离开，继续与辽兵殊死战斗。又一阵惨烈的拼杀，士兵都战死了，杨业身负重伤，战马也被射倒，辽兵乘机围上来把他俘虏了。

杨业被俘后誓不投降，辽将们对这位大宋的无敌将军十分钦佩，希望他能够受降。杨业知道他们不忍杀他，叹了口气说："我杨业一心捍卫疆土，报效国家，不料却被奸臣陷害，才落得全军覆没。如今将士们都已战死沙场，你们说，我还有脸活在世上吗？"辽将们听了纷纷叹息，面对这位铁骨铮铮的汉子，不由得肃然起敬。

宋元故事

杨业在辽营绝食三天三夜,最终殉国。噩耗传到都城开封,人们不禁潸然泪下。宋太宗失去了一名杰出的将领,更是哀痛不已。他怒视着见死不救的王侁和潘美,立即下令严惩。

杨业有七个儿子,最著名的是杨延昭,他镇守边关二十多年,多次打败了侵扰的辽军。他的儿子杨文广,后来成为一名守边将士,镇守西北、河北边关。

杨家祖孙三代,在保卫宋朝边境的战斗中做出了杰出的贡献。后世的人们为了怀念和称颂这些英雄,根据他家祖孙英勇抗辽的事迹,以戏曲和小说的形式,编写成许多部可歌可泣的"杨家将"故事,在民间广为传颂。

第八章 契丹英后

北宋初期百废待兴，北方的辽国日渐强盛，令北宋朝廷如芒在背。辽景宗一死，宋太宗就想趁着刚即位的辽圣宗还是个娃娃的时候，亲率三军前来收复失地燕云十六州。不料出师不利，损兵折将，大败而归。

宋太宗怎么也想不明白：一个十二岁的娃娃，是怎么重创大宋三军的呢？还令大宋痛失杨业这员猛将，元气大伤。可见辽国这块骨头，确实不好啃。

一波未平，一波又起，此时内地川蜀接连爆发以茶农王小波为首的农民起义，不到十天，起义军就扩展到好几万人，宋太宗急得火烧眉毛，心想：刚输给辽国，外扰未除，内患又起，这还了得！于是派宦官王继恩为剑南西川治安使，前去镇压。

一想到三军战败，宋太宗不禁连连叹气，忍不住对左右说："唉，得而复失易，失而复得难啊！伤我大宋将士的，绝不会是那个辽国娃娃，可又是谁指挥辽军取胜的呢？"

原来，指挥辽国军队作战的，不是什么久经沙场的大将军，而是个只有三十岁的美貌女子。她就是辽国的萧太后萧绰，字燕燕。她生于953年，是辽国北府丞相萧思温的爱女。萧绰从小受父亲影响，喜欢读书。天性活泼的她，聪明伶俐，勤奋好学。由于游牧民族祖祖辈辈擅长骑马狩猎，萧绰在少女时期就能跃马射箭，小伙子似的纵马扬鞭，驰骋在茫茫的大草原上。

有一次，她的父亲让女儿们一同扫地，其他姐妹抢起扫帚三下两下就干完了，只有萧绰把院里院外、犄角旮旯都打扫得干干净净才停手。萧思温看后暗暗欢喜，心想："我这姑娘心思细腻，将来准有出息。"

969年，当萧绰还是个花季少女时，就被召入宫中封为贵妃，不久又被辽景宗立为皇后，那一年她才十六岁。

辽景宗体弱多病，国事又极繁杂，忙不过来时，他就让知书达理的萧皇后来协助他。几次下来，辽景宗见皇后每件事情都处理得井井有条，就将大臣的奏折也一并交给她审阅办理。后来，他干脆让萧绰坐在朝堂上主政，并对史官们说："你们记载皇后讲的话，也可以称作朕讲的，不可疏忽大意。"这样一来，辽国的官员大多对萧皇后毕恭毕敬，可日子一长，他们又觉得代理摄政的皇后虽然气度不凡，但她毕竟不是辽国的国主啊。

辽景宗三十五岁就病死了，其子耶律隆绪即位，这就是辽圣宗。由于圣宗年纪太小，年轻的萧太后继续担起理国执政的担子。

自打耶律隆绪没了父亲，萧太后就更疼爱他了。为了尽快把他培养成一位出色的帝王，她对儿子的要求特别严格，一不准他铺张浪费，二不准他贪图玩耍，常嘱咐他必须把时间和精力用在学习上。同时，萧绰还选用了两个自己最亲信的大臣来辅佐皇儿，一个叫耶律斜轸（zhěn），另一个叫韩德让。她希望两位老臣继续发挥余热，为辽朝新一代年轻帝王效力。

有一天，大臣耶律斜轸陪着辽圣宗、萧太后一起去赤山打猎。一路上，辽圣宗看见身旁耶律斜轸骑的马和自己的一样高大强壮，就想和他比一比，看看谁的马跑得快。

耶律斜轸心有余悸，怯怯地说："我怎么敢和皇上赛马呢？万一我赢了，那不是有损天威吗？"

辽圣宗觉得耶律斜轸想得挺周全，笑着说："真让你为难了，不比也没什么，不过一旦在战场上冲锋陷阵，大家的马都跑起来时，如果你的马跑得比我的快，那你一定不会感到为难。"

萧太后听了他们的对话，感到很欣慰，心想：今天抽空出来狩猎，正是让他们促进感情的一个好机会。君臣无猜，互为关怀，这和治理国家同样重要啊。别看圣宗现在年龄小，若是耶律斜轸能够一直忠心辅佐他的话，将来辽国还愁不强大吗？

想到这儿，萧太后对他们俩说："按照朝廷的规矩来说，你们的确不适合比赛，若是按照我们契丹人的风俗，好兄弟就可以互换马匹和弓箭。今天你们俩就破个例，不用互称君臣，暂且做

故事里的中国历史

〇五四

一对好朋友吧。你们放心好了,有我在没人会说闲话。"

二人一听都非常开心,一旦没有了君臣的隔阂,就跟松了绑似的快活起来,哪怕成为一时的好朋友,也觉得天宽地广,总算可以毫无顾忌、痛痛快快地赛一场了。再说,朋友之间的输赢又有什么关系呢?从此,耶律斜轸对萧太后更加敬佩了。

自从辽景宗去世,萧太后和辽圣宗成了孤儿寡母,族里有些人不服,就故意拉下个脸在宫里晃来晃去地大声喧哗;宫外呢,又时常传来大宋军队要来征讨的消息,使得萧太后十分担忧,不得安宁。她曾私下向最信得过的两位老臣诉苦:"自先王驾崩,部族难服;朝政看似平静,实则暗流涌动;圣宗年纪尚幼,不足以担纲朝政。我一个女人家,不得已担起这摄政重任。如今边疆战事频发,倘若失去你们的鼎力相助,我担心哪一天,自己很难再撑下去啊。"说完忍不住落下泪来。

耶律斜轸、韩德让听了连忙劝道:"太后大可不必担忧,您德才兼备,日理万机,是我大辽的福气。臣等跟随先帝多年,今后笃定与太后同心同德,誓为辽国崛起,万死不辞。"

两个人你一言,我一语,把自己都说感动了。萧太后听完这一番赤胆忠言,总算吃了颗定心丸。心想:有眼前这两位忠心耿耿的老臣护佑在身旁,还有什么可担忧的呢?

986年,宋太宗自认为辽景宗驾崩后的辽朝上下正处在最脆弱的时期,于是轻率地派出三队人马去进攻。萧太后得到消息,立刻让大臣韩德让留守朝廷处理政务,命大将耶律斜轸率部队抵御各路宋军,她自己带着辽圣宗在中间策应。

由于大臣韩德让保证了辽军的后勤供应，大将耶律斜轸才得以步步为营，取得了反攻的胜利。同时，危急关头两个宋朝将领贪生怕死，给了辽军可乘之机，最终将孤军奋战的宋朝大将杨业俘虏。

萧太后在执政期间，始终本着疑人不用、用人不疑的原则，充分信任和依靠身边的将领，同时大胆起用汉人，吸收来自中原汉民的各种先进的生产技术，并通过减轻赋税、提倡耕种、发展经济等政策，使辽国越来越强大。

此后，萧太后又进行了一系列的改革。据民间流传，位于中国辽宁锦州义县的奉国寺，建于萧太后执政时期，初名咸熙寺，后改名奉国寺。当时这位传奇太后筹集了数十万两白银修建寺院，旨在弘扬佛法，恩泽百姓。

也有不同说法，说的是这位女中豪杰于1009年因病死于行宫，圣宗为了缅怀母亲，于1020年开始建寺。建成后的奉国寺雄伟壮观，成为皇亲国戚敬香朝拜、消灾祈福的皇家寺庙，处处彰显佛教道场特有的庄严肃穆。

萧太后在世期间，一直嘱咐儿子要努力学习中原文化，在她的影响下，辽圣宗对白居易的诗集产生了浓厚的兴趣，在学习中原文化的同时，他写出了"乐天（白居易）诗集是吾师"的汉文诗句，并尝试用契丹文来翻译白居易的诗集，分享给大臣们阅读。此外，辽圣宗把唐代的《贞观政要》这部书奉为圭臬，从中不断吸取治国之道。

多年来，教子有方的萧太后凭着坚韧不拔的毅力治国理政，取得了显著成效，被人们称为"契丹英后"。

第九章 澶渊之盟

986年,打了败仗的北宋王朝,不但十六州的失地没夺回,还和辽国结了怨。当辽国的势力一步步壮大后,萧太后母子就决定,要报一报当初宋太宗统率三军攻打辽国的一箭之仇。于是娘儿俩盯上了中原这块广袤的土地,打算带兵南下攻打宋朝。

此时已是宋太宗的儿子宋真宗即位了,大臣王旦就向他建议:"现在辽国时常进犯中原,要想打退他们的进攻,只有提携像寇准这样有才能的人才行!"

寇准,字平仲,下邽(今陕西省渭南市)人,北宋政治家、诗人,与白居易、张仁愿并称"渭南三贤",是一位有胆有识、为人正直的忠臣。

宋真宗见王旦执意推荐寇准任宰相，有些担心地说："听说他生性好强，一旦担任朝廷重臣，恐怕跟同僚不好合作吧？"

王旦说："现在辽国大举进犯，边关吃紧，情况危急。寇准为人耿直、学识渊博，有办大事的气魄。只因他向来反对奸邪，才得罪了一些人。如今国难当头，关键时刻唯有陛下用人不疑，忠臣方可报效国家啊！"宋真宗一听有理，就让寇准做了宰相。

1004年九月，辽国萧太后、辽圣宗率领二十万彪悍的骑兵，挥师南下，想把宋朝一举给灭了。不到两个月，辽军的前锋就来到澶（chán）州（今河南省濮阳市），边关告急的文书，每天雪片似的飞到朝廷。

宋真宗马上召集大臣们商议对策。副宰相王钦若带着浓厚的金陵（今江苏省南京市）口音抢先说："辽军这次南下，兵多将广，来势汹汹，根本就打不赢他们，不如避开锋芒，迁都金陵，是不是呀？"

接着，另一个四川籍的大臣陈尧叟带着一口川音说："既然迁都，我看索性迁远点更安全。四川资源丰富，是天府之国。蓉城（今成都市）是蜀地要塞，易守难攻，迁都至此尽可高枕无忧，比金陵要强得多了！"

两个大臣各持方言在朝廷上扯来扯去，骨子里都想逃回自己的老家，只要宋真宗迁都，不管逃到哪儿去，他们都会紧紧跟着。

寇准越听越来气，心想这帮家伙真是没骨气。于是瞥了那两个大臣一眼，对宋真宗说："陛下如能亲自到澶州指挥战斗，将士们看到皇帝来了，一定会信心百倍，拼死作战。我相信用不了几天，就可以打退辽国的进攻。"

宋真宗天生就是个胆小鬼，尽管做了皇帝，仍是一团烂泥扶不上墙。一听寇准提议要他上前线指挥，差点吓死，赶忙反驳："辽军来势汹汹，就算朕到了前线，哪里有破敌的把握？与其冒这个险，还不如迁都金陵或蓉城，然后再做打算。"

寇准一听，眉头一皱，声音一沉，说："臣以为，那些提议迁都逃离的大臣实属祸国殃民，应该斩首。"话音刚落，那两个大臣吓得腿一软，差点儿没跪下去。

寇准接着强调："只要皇帝亲征，就能打退辽军。若是迁都，必然军心涣散，如同散沙，那时敌人若乘虚而入，百姓遭殃不说，朝廷上下庞大的迁都车队，恐怕还没走到一半就被辽兵给追上了，到时候大家性命都保不住，何谈保家卫国呢？"

宋真宗一听迁都的后果，浑身不寒而栗，只好勉强同意了寇准的建议，但心里还是犯嘀咕。后来，虽然他的躯壳在亲征，人就跟掉了魂儿似的，一直惦记着迁都的事，亲征的路上一切事务都推给寇准来决定。

1004年十一月，宋军一路向澶州进发，刚走到韦城（今河南省滑县东南）时，宋真宗接到报告，说辽军攻势凌厉，已经攻占了一个城池。几个主和派的大臣趁寇准不在眼前儿，急忙凑到宋真宗那里，唠唠叨叨不停地劝皇上迁都。

贪生怕死的宋真宗听他们反复说迁都，正中下怀，立刻召见寇准，说："众爱卿都说事不宜迟，到了该往南迁的时候了，你看呢？"

寇准再一次强调："若陛下一走，人心动摇，我军便会不战而败。现在离敌军越来越近，陛下此时迁都，我还是那句话，辽军定会紧紧追赶，谁能保证不被辽军的铁骑追上呢？与其被动挨打，不如主动出击。大敌当前，陛下只可进一尺，不可退一寸啊！"

宋真宗听完，感到进退两难，心里头七上八下的：前有辽兵不敢冒进，后退又恐敌兵追来，怎么办呢？只好闷坐在原地打蔫儿。

寇准没好气地走出营帐，迎面碰上殿前都指挥使高琼。寇准深知他是个主战抗敌的将领，就立刻把高琼带进营帐对宋真宗说："陛下，如果您对我的话存有疑虑，就请听听高将军是怎么说的吧！"

高琼特意提高了嗓门说："陛下尽可放心，将士们的家属都在东京（今河南省开封市），为了抗击辽军，谁也不愿南迁。只要陛下前往澶州亲征，我们将决心死战到底。"宋真宗眉头蹙了一下，看着地面没吭声。

寇准接过来说："请陛下不要再犹豫了，前方十万火急，将士们都等着您动身呢。"宋真宗没辙了，随大军连夜赶到了澶州。

这时候，辽国的军队已经把澶州的东、北、西三面都围住了。澶州的宋朝守将李继隆从南侧把宋真宗一行迎进了城里。士兵们看到皇帝亲临前线指挥，都兴奋地呐喊起来，声音一直传到城外数十里。辽兵们听了，连忙报告给主将萧挞（tà）凛。

第二天夜里，萧挞凛带了几个骑兵前往澶州附近观察地形，宋军得到哨兵的报告，就悄悄地埋伏在一片庄稼地里。待辽国骑兵一进入埋伏圈，宋军弩箭齐发，萧挞凛躲闪不及，当场就被射死了。

宋元故事

萧太后虽是辽人，却不忘研习中原文化，一心想以汉治汉。得知辽国主将出师未捷身先死，悲痛万分。她认为：这不是什么好兆头，这些文弱的大宋汉人原来也不是那么好惹的，再打下去，还不知会死掉多少将士呢！于是连忙派人向宋朝议和，提出的条件是，要求宋朝把关南的地方割让给辽国。

一听打仗就发怵的宋真宗，得知萧太后要议和，高兴得跟过节似的。他对寇准说："议和真好，不过辽国提出割让土地的条件，你放心，我是不会答应的，顶多每年送给他们一些钱财罢了。"

寇准坚决反对议和，恨不得一气儿打过去灭了辽国。可连日来听说主和派在背后放出风声，谣传自己打算借着反攻辽军的机会来扩充势力，伺机夺取大宋政权。唉！明明自己在奋力保家卫国，这会儿就算长出个三头六臂来，也挡不住这些泼过来的脏水啊！

寇准见宋真宗议和的态度非常坚决，只好不再反对。宋真宗就派使者曹利用去辽营谈判，并叮嘱他："除了割地不行，其他都好说。只要辽国肯退兵，每年最多可以送他们一百万两白银吧。"

曹利用从殿里一出来，寇准就迎了上去，压低嗓门说："你应该知道，这次议和本来就便宜了辽人，哪儿能像皇上说的给他们每年一百万？我不管你怎么谈判，反正赔款的数目，好歹不能超过三十万，不然可别怪我拿你的脑袋是问。"

曹利用忙把寇准拉到一旁，小声说："宰相放心，我也觉得给辽国太多了。他们想多要，我这儿还不干呢！"

寇准点了点头，说："那就好，我只不过给你提个醒。"曹利用心里有了这杆秤，到了辽营以后，就横下一条心跟对方讨价还价，萧太后母子实在拗不过，最后就按三十万敲定了。

曹利用回来后告诉宋真宗最终谈定的数字，宋真宗欣喜若狂，多次在众臣面前夸奖曹利用能办事。到了年底，宋朝和辽国正式签订和约，这就是历史上有名的"澶渊之盟"。

由于寇准历次动员皇帝亲征，坚持抗辽，避免了北宋遭受更大的损失。澶渊之盟后，辽国再也没有举兵进犯，两国的边境太平了一百多年。

第十章 建立西夏

"澶渊之盟"以后,宋辽两国的边境终于太平了,可多灾多难的宋朝又和西北方的割据政权西夏摩擦不断,争端愈演愈烈。那么这个西夏是怎么来的呢?

原来,早在党项人李继迁当首领的时候,西夏还只是一支羌族的部落,他们趁着宋朝疲于应付辽国的时候,经常过来骚扰宋朝的西北边境。那时宋国和辽国还没有签订盟约,宋真宗不想两面受敌,于是采取了绥靖(suí jìng,以安抚的手段使局势安定)政策,将李继迁封为夏州刺史、定难军节度使。

李继迁虽然做了俸禄优厚的大官,却得寸进尺,经常带兵侵犯宋朝边境。渐渐地,他觉得大宋像一匹啃不动、拖不走的肥骆驼，尤其在地处西北的高原上，西夏来回折腾了不少回，也没捞到什么大便宜。

1004年，李继迁在跟吐蕃部落争夺地盘时，被乱箭射死，他的儿子李德明是个知恩图报的人，即位党项族首领后，他认为宋朝对党项有恩，决定向宋朝称臣。宋真宗高兴得立即封李德明为西平王，并连年派送给他们大批的银绢。

与此同时，李德明也派人向辽国去称臣，辽国同样把他封为西平王。就这样，党项两边不得罪，跟宋朝和辽朝都采取友好往来的外交政策，周边一太平，就专心发展自己的势力。

西平王李德明在位三十年，每年都向宋朝进贡一些牛羊、马匹和骆驼；宋朝除了每年给他们银绢外，还送些丝绸、茶叶、药材等，双方一直保持着和平共处的友好关系。三十年来，党项的农牧业经济得到了稳步发展，人口逐渐增多，社会也随之繁荣起来。

1032年，李德明死后，野心勃勃的儿子李元昊（hào）继承了西平王的爵位。他从小对中原文化有着浓厚的兴趣，一直打算吸收汉族文化来提高党项人的文化水平。

即位后的李元昊，对现有辖区的地盘越来越不满，野心逐渐膨胀，他多次带兵向西扩张。每当这个彪悍的羌族呼啸而来时，周边各州都猝不及防。于是，西夏人逐步掌控了凉州（今甘肃省威武市）、瓜州（今甘肃省酒泉市瓜州县附近）、沙州（今甘肃省敦煌市）、兰州（今甘肃省兰州市），以及现在宁夏、青海和陕西、内蒙古一带辽阔的地域，连被回纥部落控制了一百多年的河西走廊，也一并成为党项的势力范围。

李德明在世的时候，李元昊曾多次向他建议："我反对继续向宋朝称臣，党项人都是顶天立地的英雄好汉，应该建立党项人自己的国家。"

李德明听了摇摇头说："三十年来，族人能穿上舒适惬意、美观大方的绫罗锦衣，比原来披毛挂皮不知强多少倍呢！另外，我们享受着汉人提供的各种香茶，能够明目健体、疏肝利胆，实在是养生的好东西；再说，那些祛除百病的中草药，可都是延年益寿的中原法宝，加上连年所赐的银两，使咱们族人的生活越来越富足，这可都是大宋的赏赐啊！我们怎能受了恩惠数十载，如今反目于一朝呢？"

李元昊听了自知理亏，只好把立国的心思先藏一藏，怎么也得等老爹死了再说。

直到李德明去世，李元昊当上党项族首领后，为了心中的那个目标，他开始打造兵器，积极训练兵马，准备摆脱宋朝，建立新国。

1022年三月，宋仁宗即位，他多次派遣使者来到西夏，寻求继续和睦相处，没想到李元昊接见使者时，总是傲慢地摆出一副帝王的架势。

李元昊反宋自立门户的计划，其实在党项内部也并不得人心，很多族人都表示反对，为此还引发了一场血案。贵族山喜对李元昊的倒行逆施十分反感，他生怕一只苍蝇坏了一锅粥，曾秘密联合其他大臣，准备除掉李元昊。不料消息走漏，让李元昊得知了山喜的刺杀计划，结果立即将山喜和他的族人逮捕，全部处死。

无独有偶，李元昊的叔父山遇也不同意李元昊的主张，他一

宋元故事

再向李元昊说明利害关系，劝他与宋朝能够和好如初。李元昊为了肃清主和派的障碍，命人诬告山遇谋反。山遇被逼无奈，只好连夜逃往北宋境内的延州（今陕西省延安市），向当地官员报告了实情。

不料延州官员胆小如鼠，生怕得罪李元昊这个党项族首领，私下一合计，反倒将山遇绑了又押还给李元昊。李元昊得意地摇头晃脑，打赏了延州的来人后，一转身，当着满朝文武的面，恶狠狠地说："我倒要看看，还有谁敢来步山喜的后尘？今后只要有人投敌求荣，即视为反贼，统统就地正法。"随后，上演了一场杀鸡儆猴的惨剧。这以后，再也没人敢反对李元昊的立国计划了。

山遇被杀后，李元昊索性一不做，二不休，于1038年，命人在兴庆府（今宁夏银川）南郊筑造祭坛，然后登坛称帝，国号为大夏，定都兴庆府。由于地处宋朝西北，所以史称西夏，李元昊就是夏景帝。

夏景帝采用中原和党项两套行政系统，设立中书省和枢密院，从而使这个以党项人为主体的政权能够同汉族官员及时沟通，互相配合，以此加强西夏的统治。

李元昊还命文臣野利仁荣以汉字为基础，创造西夏文字。一批文臣在学识渊博的野利仁荣的带领下，创制蕃文（西夏文）十二卷，虽然是方块字，笔画却比汉字要烦琐复杂得多。

1039年，西夏建立了"蕃学"，翻译了大量的汉文著作。譬如，中国古代儒家的伦理学著作《孝经》，还有"十三经"之一、我国第一部训诂学专著《尔雅》，以及蒙学书籍《四言杂字》，在宋朝作为教授儿童的词讼教科书等，都陆续译为蕃语，以蕃字教授学生书写，为西夏培养官吏。与此同时，还建立了太学，推崇孔孟之道。在礼仪制度方面，李元昊也仿照宋朝进行文教改革，通过吸纳中原文化来提高党项人的文化水平。

同年，李元昊为了扩张势力，建立了五十万人的强大军队。他将军队分成左右厢，设立了十二监军司，各监军司设有都统军、副统军、监军使一职，分别驻扎在各个辖区。

通过实施一系列改革，李元昊终于完成了建立西夏国的大业，于是上表给宋仁宗，要求宋朝承认他统治下的西夏王朝。这下倒好，在宋朝的版图上，除了豪横的契丹族辽国占据了燕云十六州以外，又冒出来一个羌族的西夏王国来。

宋朝君臣经过商议一致认为：这是李元昊长期以来不顾国家安危和百姓存亡，蓄意制造分裂的表现，既然公开与大宋为敌，执意恩将仇报，那就削去他李元昊西平王的爵位，断绝一切贸易往来。针对他另立政权的违法行径，立即在边境关卡上张榜悬赏，捉拿这个分裂国家的罪魁祸首。

宋朝通缉令上赫然写道："凡擒杀李元昊者，就地任命原反贼职务。"榜文一贴出，立刻传到了李元昊那里，气得他暴跳如雷。于是，宋朝和西夏不可避免地爆发了大规模战争。

第十一章 元昊称帝

当李元昊决定进攻宋朝时，宋朝已在西北边境拥兵三四十万，兵力虽然不少，可都是些缺乏战斗力的乌合之众。他们不但分别驻扎在二十四个州，而且还分散在几百个兵营里，每遇战况，各州人马相互间不能互相配合，必须都得听从朝廷的统一指挥。这种僵化刻板的边防布局，一旦打起仗来可就没着落了。再看西夏骑兵，一呼百应，招之即来，来之能战。结果从一开始，宋军就处于被动挨打的状态，甚至从来就没赢过。

1040年，李元昊带着大批军队攻打宋朝的延州。节度使范雍（知延州）是个书呆子文官，从来没有带过兵，打仗更是个门外汉。李元昊看出这个汉官是个书痴，就派人送信给他，信中写道：

"为了天下黎民的安康,我军拓展征地事小,殃及边关百姓事大,为了双方社稷的安稳,决定与大宋议和,望不再相扰为盼。"

范雍看了信高兴得要命,不禁脱口喊道:"苍天有眼啊!"他天真地认为西夏人议和,是畏惧大宋国的威严;党项虽然貌似强悍,看来不过是蚍蜉撼树、不知深浅的家伙,实在不足为惧。

李元昊从探子那里得知,范雍从此高枕无忧,不再对西夏军队做任何防备。他得意地对左右说:"哈哈,这个书呆子果然中招了!读了那么多年的书,却不知兵不厌诈的道理。"紧接着,他悄悄地展开对延州的军事围剿行动。

李元昊首先把延州外围毫无防备的宋军连锅端了,接着把延州包围得水泄不通。范雍一见,如同晴天霹雳,害怕得不行,连忙请求周边关卡的宋军支援。谁知李元昊早就在三川口(今陕西省延安市志丹县)设下重兵埋伏,把前来支援的各路宋军打得丢盔弃甲。

这时天降大雪,附近百姓仰望苍天,不无惋惜地叹道:"书呆子怎能领兵打仗?如今连日漫天大雪,这不是给大宋冤死的士兵们招魂吗?"当宋兵家属们悲痛地赶到延州城外认尸时,成千上万援军的尸体,已经被厚厚的大雪覆盖得严严实实,难觅踪迹。亲人们面对起伏的山峦,不禁失声痛哭,久久不忍离去。

宋仁宗得知在三川口吃了大败仗,十分恼火,立即把范雍撤了职,另派大臣韩琦和范仲淹赶到延州,指挥抗击西夏的战斗。

范仲淹是个比较有才能的士大夫,他一到边境,就把军事编制进行了一番调整,在形式上把延州的兵马分成六路,分别由六个将领负责训练。不到一个月，一向涣散的宋军，在西夏将士的眼里起了变化。他们看到宋军日夜操练、防守严密，就没敢再攻打延州，还经常在底下议论："咱们往后得留点儿神，如今小范老子（范仲淹）胸中有百万甲兵，可不像当初大范老子（范雍）那样好欺骗了。"

偏偏这时候，范仲淹和韩琦产生了分歧。范仲淹认为，虽然宋军近期通过训练，作战能力得到了一些提升，但总体实力不如西夏士兵，应该以防守为主。可韩琦却认为宋军已经恢复战斗力，完全有能力打败西夏，因此他主张进攻。

1041年二月，李元昊又带着大批人马进攻渭州（今甘肃省平凉市），正在镇戎（今宁夏回族自治区固原市一带）巡视的韩琦，不顾范仲淹的劝阻，马上集结了一万八千名勇士，由大将任福率领出击。

临行前，韩琦想起了范仲淹的告诫，就再三叮嘱任福说："六盘山一带地势险要，万不可孤军深入，只可埋伏在山侧两旁，等到敌人进入伏击圈后，伺机予以突袭，方可取胜。"

任福听了信誓旦旦地说："您就放心吧，我都记下了。"韩琦还是不放心，又告诫说："此去抗敌，事关万千将士性命，责任重大。如有抗命，定军法从事！"

话音刚落，任福已跃身上马，带着几千骑兵、上万步兵开始了急行军。途中碰到一支西夏骑兵，双方打了一小仗，宋兵没费什么劲儿，就见西夏兵不再抵抗，一溜烟儿地跑了。任福怕对方有诈，忙派人去侦察，才知前方没发现什么西夏伏兵，于是领兵在后面紧紧追赶，追了三天三夜，也没见着西夏人的影子。一直快到好水川（今宁夏回族自治区固原市隆德西）时，天已经全黑了，任福让士兵们原地休息，准备次日再去追击敌人。

第二天拂晓，任福率大军沿着六盘山下的好水川西进，一路上感到很奇怪：怎么没发现一个西夏兵的踪影呢？这时，只见路边堆放着好些个泥巴做的盒子，还能听见里边有跳动的声音。任福正在为追不到西夏军队而纳闷呢，这会儿听到泥巴盒子里有动静，心想：西夏蛮夷我们都不怕，还怕这些个么蛾子吗？于是不假思索地命令士兵："把这些泥盒子统统打开。"

盒子刚一打开，就听见"扑啦啦"扇动翅膀的声音，只见上百只带哨的鸽子从一只只盒子里飞了出来，在宋军头顶上空盘旋飞翔。大家纷纷仰头观望，谁也不明白是怎么回事。

原来，那小股西夏兵一交手就败退下来，目的是引诱宋军进入好水川口。李元昊事先在宋军必经之路的关口埋伏了十万大军，再把喂饱的鸽子，在头一天晚上就放进带孔的泥盒子里，并下令，只要见到天上有一群鸽子盘旋，那就是发动攻击的信号。

上百只鸽子憋了一夜，正躁动得不行，如今有人开盖放生，那还不一飞冲天？四面的西夏军见了空中盘旋的鸽子，立即倾巢而出，喊杀声震天动地。任福还没搞明白是怎么回事，只得急忙仓促应战。这时，漫山遍野的西夏军很快对宋军形成了包围。

宋军殊死反抗，奋力突围，从清晨打到晌午，死伤惨重。这时，又有大批西夏兵从前后两路杀出，宋兵被打得晕头转向，混战中慌不择路，很多士兵被逼到悬崖边上，眼瞧着一个个掉了下去，

故事里的中国历史

摔得粉身碎骨。

任福自知中计，后悔当初没听韩琦的告诫。如今实在没脸回去见人了，只有死路一条。结果一万八千人，全军覆没。任福拼死抵抗，身中十多箭，最后浑身是血地倒在一群西夏士兵的刀剑下。

好水川之战，以宋军大败收场。韩琦上书宋仁宗请求处罚，宋仁宗气得把韩琦撤了职。1042年，镇戎再度掀起大会战，宋军在宦官谜一般的指挥下，如同被下了魔咒似的，只剩下被动挨打的份儿，九千四百多人，除了被俘，全部战死。

三年来，北宋王朝对决党项，两次大战都以大败告终，只好谋求和解。1043年，宋朝正式承认西夏国独立，此外每年向西夏国交纳绸缎十三万匹、白银五万两、茶叶两万斤、各种银器两千两。

由于每战必败，北宋王朝不得不乖乖交纳财帛，可面子还是要讲的。于是坚称，上述财帛不过是对外邦的"赏赐"，当然，还要充分运用汉文化里微妙的文字游戏，即承认李元昊是西夏国王，并不是什么西夏皇帝。这样一来，仍可维护大宋皇帝的尊严。

第十二章 庆历新政

北宋立国后，为了维护中央集权、防止地方割据，采取了一系列措施。政治上，在中央增设"中书门下"（政事堂），由中书门下的"平章事"（唐代相当于宰相，宋沿袭此制）分别掌管民政权；另外，为了限制宰相的权力，增设副宰相"参知政事"。

军事上，废除了统领禁军大权的殿前都点检一职，增设殿前司、侍卫马军司、侍卫步军司，由"三帅"分别统领禁军。为了防止三帅的权力过大，在中央设立枢密院，与"中书"分掌军事大权，号称"二府"，共同掌控调兵权。

财政上，设置三司使（为盐铁、度支、户部，北宋前期最高财政长官），三司使由皇帝的亲信担任，掌控财政大权。为进一步加强中央集权，削弱官员的权力，采取了一职多官的任命形式。

同时，恩荫制成为当时科举之外的一种入仕途径，凡是中高级文武官员的子弟、亲属及其门客，都能够享受这种世袭为官的特权。宋代采用恩荫的花样特别多，以致愈用愈滥，尤其奉行"恩逮于百官唯恐其不足"的笼络政策，形成了庞大而臃肿的官僚机构，官员大多贪恋权位，一旦遇事互相推诿，行政效率十分低下，官员们都靠着朝廷的俸禄混日子，因此"冗官"现象非常严重。

为了抵御北方少数民族南侵，宋代初期实行守内虚外的策略，废除了府兵制而改为招募，奉行"养兵"的策略。到了宋仁宗时，军队总人数已达到一百四十万，军费开支庞大，竟占据全部赋税收入的七八成。为了防止武将专权，在军队中实行"更戍法"，调兵不调将，兵将们互不相识，使得"兵无常帅，帅无常师"。这么做虽然可防止将领专权，却削弱了军队的战斗力，兵多而不精，因此又形成了"冗兵"现象。

军队、官员数量的激增，使得原本拮据的财政更加入不敷出。另外，在对西夏和辽朝的战争中，宋朝每年还要以大量的金银和布帛来谋求边境上的安稳。同时，在国内大兴土木、修建大量的寺观，又形成了"冗费"。三方面的庞大开销不断透支着国库，最终造成北宋初期积贫积弱的局面。

范仲淹的改革，始于仁宗庆历（庆历为宋仁宗年号）初期，冗官、冗兵、冗费的情况日趋严重，经济的不断恶化，让国家加速走向衰败。京畿（国都及其附近的地方）开封府所属各县，不断有盗寇土匪冒出来，令百姓担惊受怕、昼夜不安。农民不堪重负，各地相继爆发了起义和兵变。朝廷的一些大臣感到危机重重，正如欧阳修所说："乱象一年比一年多，盗贼一伙强于一伙啊！"

大臣富弼也曾忧虑地指出："照这么下去，就像纸包着火，若不提早采取措施，恐怕防不胜防啊！"

1043年，范仲淹从陕西调回京城，他通过减轻边关百姓的赋税，扭转了战败后的大宋一路下滑的局面。为了进一步缓解内忧外患的局面，以范仲淹为首的改革派分析了朝政存在的种种弊病，提出了亟须改革的十项建议。宋仁宗念他曾在与西夏的战役中有功，就任命他为参知政事（相当于副宰相），富弼为枢密副使（相当于军事副总参谋长），共同推行他们提倡的改革方案。这些方案分别是：

一、明黜陟（chù zhì，对官吏升降制度作出严格的考核和规定）；

二、抑侥幸（管制帝王身边的太监等近臣）；

三、精贡举（严格科举制度，为国家选拔具有真才实学的人）；

四、择官长（严格考核州、县两级地方官员的业绩）；

五、均公田（平均分配地方官员的公田）；

六、厚农桑（重视农桑等生产事业）；

七、修武备（整治军备）；

八、减徭役（减轻百姓的徭役）；

九、覃恩信（落实朝廷各项恩惠政策）；

十、重命令（慎重发布朝廷号令）。

这些改革措施，大部分都被宋仁宗采纳，颁行全国。历史上把这次改革称为"庆历新政"。

新政推行初期，取得了显著成果，使宋朝进入了立国以来最繁荣的阶段。为了推行新政，范仲淹同韩琦、富弼等大臣恪尽职守，连日来仔细地审查分派到各地去担任监司（监察官）的人选。

在筛选的过程中，范仲淹发现入选监司的名单里，冒出个曾经贪污受贿的官吏的名字，他毫不犹豫地提笔将这个名字勾去，一旁的审官富弼看了有点儿不落忍，小声对他说："范公啊，您这一勾不要紧，那一家子可都得哭鼻子喽！"

范仲淹头也没抬，盯着那个被勾掉的名字，冷冷地说："呵呵，要是舍不得让这一家子哭，就不知道要害多少家百姓哭了。"

富弼一听，豁然开朗，暗暗佩服范仲淹秉公办事、铁面无私。像这样被勾掉的还有一些皇亲国戚、权贵大臣以及他们的亲属。这些人得知自己被排除后，气得三天两头跑到宋仁宗面前，诬告范仲淹结党营私、滥用职权。

由于新政触犯了官僚权贵们的利益和特权，在推行中遇到强烈的反对和阻挠。他们散布谣言，攻击新政。这些流言蜚语，并没有撼动宋仁宗，他心里明白，范仲淹是个人才，尤其对西夏人采取以防为主、保存宋军实力的策略，再对比韩琦以战为主、急功近利的贸然行动，两人虽然都是文官，实在不可同日而语。

别看范仲淹家境贫寒，但从小就很有志气，他数年如一日地刻苦读书，练就了坚毅沉稳的性格。走上仕途以后，他不但具有独到的治国理念，还具备军事家的战略眼光。宋仁宗对范仲淹的才能极为赏识，起初很支持他实行的新政改革，可是随着耳边飘来的流言蜚语越来越多，内心深处对范仲淹又不免忌惮起来。

连日来，保守派的官吏们反对革新的声调越来越高，宋仁宗一下子没了主意，开始对以范仲淹为首的革新派疑神疑鬼，一种不安的念头在他心里翻腾起来：范仲淹会不会真的在结党营私？

仅仅推行了一年多的新政，就使百废待兴的宋朝有了起色，可是随着反对革新的势力越来越强，宋仁宗终于动摇了，失去了改革的动力和信心。

1044年，宋仁宗在官僚权贵们的多重压力下，下诏废弃一切改革措施，解除了范仲淹参知政事的职务，将他贬至邓州（今河南省邓州市），富弼、欧阳修等革新派也都相继被逐出朝廷。"庆历新政"宣告失败。

为了推行新政，范仲淹受到接连不断的打击，但即使被朝廷贬谪，他也毫不气馁。他那份忧国忧民的责任感和坚定的治国理念丝毫没有动摇。这期间，他年少时的同窗好友滕子京也被贬到岳州（今湖南省岳阳市）做地方官。1046年，滕子京特意邀请范仲淹为重新修建的岳阳楼写一篇纪念的文章，范仲淹欣然应邀，于同年（北宋庆历六年）九月十五日，挥笔写下了脍炙人口的《岳阳楼记》。

这是一篇为纪念重修岳阳楼写的文章，其中"先天下之忧而忧，后天下之乐而乐""不以物喜，不以己悲"的词句抒发了他忧国忧民、先忧后乐的伟大情怀，被后人传颂千古。

先天下之憂而憂
後天下之樂而樂

第十三章 古文运动

"庆历新政"失败后，支持范仲淹的韩琦、富弼被视为"朋党"，先后受到牵连，丢了官，被贬到外地。那些讨厌新政的人可乐开花了，都说范仲淹结交党羽，罪有应得。即使有人同情范仲淹，也生怕受到牵连而不敢作声了。这时候，只有欧阳修站了出来，特意写了一篇《朋党论》来为范仲淹辩护。他上奏章给宋仁宗，说："自古以来，奸臣只要诬陷忠臣，都会指责他们在结交党羽。可谁都知道范仲淹是国家的栋梁之材，怎么能把他罢免呢？您这样做只会让亲者痛，仇者快啊！"

那些敌视新政的人，得知欧阳修在皇帝那儿替范仲淹说好话，又急又怕，马上串通起来诬陷欧阳修。宋仁宗心想：那么多人都说他们俩是同党，眼下又替范仲淹写什么《朋党论》，看来没说错。再看这些咬文嚼字的玩意儿，满篇写得好像都在理儿，可朕看了就是不舒服。既然范仲淹贬得，难道你欧阳修就贬不得吗？于是把欧阳修贬到了滁（chú）州（今安徽省滁州市）做了个知州小官。

欧阳修是庐陵（今江西吉安）人，他四岁时父亲就死了，母亲只好带着他到随州（今湖北随州）投靠了他的叔父。由于家境贫寒，买不起纸笔，他母亲就用荻草秆在土地上比画着教儿子书写认字，历史上"画荻教子"的故事正是从这里来的。

欧阳修在母亲的影响下，从小喜爱阅读，因家里没钱买书，就经常去城南熟识的李家借书抄读。由于他天资聪颖，又刻苦勤奋，往往书还没抄完，就已经能背诵了。

欧阳修十岁那年，有一次去李家借书，偶然发现一本破旧的《昌黎先生文集》，他如获至宝，就向主人求借此书。主人一看这个小孩子如此好学，感慨地说："你若喜欢就拿去吧。"欧阳修喜出望外，向主人深深地鞠了一躬，说："太感谢您了！我一定下功夫仔细阅读。"主人见欧阳修爱书如命，又有点不好意思取走，就爽快地把书递到了他手里。

回家后，欧阳修如饥似渴地阅读起韩愈的文集，越读越入迷。他发现韩愈的文章文笔流畅、简洁明快、说理透彻、叙述清晰，跟社会上流行的那些只注重华丽的辞藻、内容却空洞无物的骈文相比，实在大相径庭。

从此，他下决心学习韩愈的写作手法，有意摒弃流行的浮夸文风。这部《昌黎先生文集》对欧阳修产生了深远影响，为日后的北宋诗文革新运动播下了种子。

几年下来，欧阳修博览群书，通过研读学习，他的诗赋文章已经老练得像个饱读诗书的成年学士。他叔叔由此看到了家族振兴的希望，兴奋地对欧阳修的母亲说："嫂子，咱们家虽穷，您含辛茹苦地培养儿子，真是没白下功夫啊，这样的天才童子，将来必定扬名天下。"

欧阳修因为喜爱韩愈的文风，便很少看骈文，而有趣的是，他为了应付科举考试，不得不再去钻研他反感的骈文。1030年，欧阳修到开封参加科举考试，连考三场，都是第一名。那时，欧阳修才二十四岁，因为出色的骈体文写作而考中了进士，当时人们都认为，欧阳修一定会成为一名优秀的骈文作家。

事实恰恰相反，欧阳修一考中进士后，便马上摒弃了骈文的写作，而是以饱满的热情投入新文体（古文）的创作中。

后来，欧阳修将《昌黎先生文集》补缀校订，作为从事"古文运动"的青年作家们学习的第一手材料。而古文运动是对南北朝以来的骈文进行的改革，是对散文、诗歌的一次复兴与改良。欧阳修作为一代古文运动的倡导者、支持者和践行者，在散文创作上取得了很高的成就。

出于对国家兴亡的使命感，欧阳修积极参与朝政的改革，一心要为社会做些力所能及的事情。群臣当中，他最佩服范仲淹，尤其对他在《岳阳楼记》中抒发的"先天下之忧而忧，后天下之乐而乐"的伟大胸怀钦佩不已，并以此作为自己的座右铭。

欧阳修在朝廷里当谏官时，一些朝臣见他对皇上敢言直谏，都吓得不敢吭声。欧阳修照样本着立身为国的宗旨，在朝廷上坚持一贯的率直作风，尤其在范仲淹被贬这件事上，他曾向宋仁宗据理力争，明知自己会受到牵连而遭贬谪，也毫不畏惧。

欧阳修被贬到滁州以后，经常到城外琅琊山上的一座亭子里去欣赏景色，由于常在这里喝酒，他乐观潇洒地自称为"醉翁"，还给亭子起了个名字，叫"醉翁亭"。

欧阳修对醉翁亭周边的美景难以忘怀，特地写了一篇文章作为纪念，这就是流传千古的《醉翁亭记》。文章一开头，他描述滁州四面起伏的山峦，写了几十个字。觉得文字不够简洁，就一改再改，最后改成"环滁皆山也"（滁州四面都是山）五个字，简洁自然，酷似韩愈的简练文风，这才满意。

《醉翁亭记》描写了滁州一年四季自然景物的幽静秀美，特别是欧阳修在山林中与民同乐的画面。全文贯穿一个"乐"字，抒发了作者寄情于山水，憧憬着太平盛世下与民同乐的理想社会。文中委婉而含蓄地吐露出苦闷的心声，字里行间抒发了他被贬官后，不能继续为振兴社稷而尽力的抑郁心情。

文章末尾的那句名言："醉翁之意不在酒，在乎山水之间也"，至今被后人广为传诵。全文语言凝练鲜明、生动优美，句式不但整齐，而且富于变化，尤其妙用了二十一个"也"字，从而增强了文章独特的韵律。

欧阳修在外地居住了几年，由于宋仁宗身边缺少人才，这才想起了欧阳修的才干，又把他调回了京城，让他担任翰林学士。

醉翁之意不在酒，在乎山水之間也

欧阳修重新上任后,觉得这是一个改革文风的好机会,就积极提倡简洁明快的文风。

这场由唐代文学家韩愈和柳宗元发起的古文运动,经过两百多年的发展,最终在欧阳修的倡导和带动下,进入了复兴的阶段。因此,欧阳修成为北宋文坛的领军人物。这以后,在欧阳修的学生王安石、曾巩、苏轼、苏辙等人的推动下,古文运动达到了巅峰,开辟了宋代文坛,尤其是散文写作的新时代,呈现出百花齐放的新局面。

后来,进京的考生在考试时,都一改原有的骈文写作手法,而采用内容充实与文风朴素的文笔来应试。

欧阳修先后在中央和地方任职,曾做翰林学士、参知政事、刑部尚书、兵部尚书等,但也经历过多次贬黜(chù)和再度起用。宋神宗熙宁四年,欧阳修任太子少师时,由于体弱回到了颍州(今安徽阜阳),第二年去世,享年六十五岁,谥号文忠。著有《欧阳文忠公文集》等传世佳作。

第十四章 "阎罗"包拯

宋仁宗推行庆历新政仅仅一年多时间，由于权贵们百般阻挠，他权衡利弊，最终将范仲淹贬黜，新政就此草草收场。此后权贵们又开始兴风作浪起来。国家的资源、财力很快被消耗殆尽。此外，连年"恩赐"给外邦大量的金银与锦帛，使宋王朝雪上加霜，到了几近衰微的地步。

宋仁宗这时才感到十分后悔，当初实在不该贬黜范仲淹这位栋梁之材。由于新政触犯了权贵们的既得利益，他们才群起诬陷范仲淹，怎么就听信了"伺机谋反"的谗言呢？懊悔之余，他想重新起用范仲淹，可是被贬的忠臣早已含冤去世，哪能起死回生呢？国家要是不行，还做什么皇帝呀！为了打击这群祸国殃民的权贵，仁宗不得不另寻高人。

经过一番挑选后，宋仁宗认为包拯（zhěng）执法如山、铁面无私，是个合格的人选，于是让他担任开封的知府，期盼他能够整顿一下京城的腐败风气。

包拯是庐州合肥（今安徽省合肥市）人，生于999年。他从小就不畏强权，爱憎分明。1027年，包拯考中进士，被朝廷派到天长县做了知县。上任后他碰到不少疑难案件，通过深入调查，分析判断，他把案子审理得公正有序、有条不紊，为此受到乡亲们的一致称赞。

一天，有个农民到县衙来告状，说："我昨天晚上在牛棚里把耕牛拴得好好的，今天早晨却看见我的牛躺在地上，满嘴流血。我掰开牛嘴仔细一看，才发现牛舌头被人割掉了。请大人为小民做主啊。"牛主人说完心疼得快哭了。

这个毫无头绪的案子怎么查呢？包拯想了一下，就对那个农民说："那头牛没了舌头，已经不能吃草了，你先把它杀了吧！记住，这件事不要告诉别人。"

按照宋朝当时的法律，耕牛是不能私自宰杀的。因包拯有话在先，这个农民就打消了顾虑，回家后就把牛杀了。

第二天一早，就有人来县衙告状，揭发那个农民私自宰牛，知法犯法，要求官府严办。

包拯一边听那人告状，一边察言观色，听完了突然把脸一沉，"啪！"的一声拍响了惊堂木，怒喝道："呔！你这个胆大妄为的家伙，分明是你把人家的牛舌割了，反倒诬告人家杀了耕牛！

故事里的中国历史

○九○

本官问你，该当何罪？"

那个家伙一听就呆坐在地上，两眼发直。这时，两旁的衙役手按棍棒齐声喊了起来："威——武——"，吓得他面如土色，连忙跪在地上磕头，老老实实地交代了他割牛舌的经过。

原来，割牛舌的人跟牛主人有过节，就想嫁祸于人，先割牛舌再状告牛主人宰牛。包拯见他告状时左顾右盼、一副鬼鬼祟祟的样子，看破了他的诡计，于是当场戳穿了他。

从这以后，包拯明断是非、善于判案的声名远扬，天长县里人人交口称赞。此事很快传到了朝廷，宋仁宗眼下正需要这样的谏官来整顿开封的秩序，于是一纸诏令，将包拯调到了开封府。

依照宋朝的规矩，百姓到衙门告状前，必须先请人写好状子，再通过衙门小吏交给府尹。这就给了小吏和讼师互相勾结、敲诈百姓钱财的机会，百姓敢怒不敢言，一旦败讼只得任宰。

包拯上任以后，认为这是混迹在诉讼过程里的一批恶棍干的事，这回必须治治这帮家伙。他让手下在开封府衙前架设了一面大鼓，百姓一旦要告状，直接上府衙门前击捶大鼓，府尹听到鼓声后，须下令打开正门，立即受理案子。这个击鼓鸣冤的措施推行后，以往靠诉讼榨取钱财的家伙一下子被断了财路。开封的百姓人人拍手称快，赞扬包拯做了件大好事。

有一年，开封连下大雨，那里有一条惠民河，因水道阻塞，发了大水，危及周边百姓的生命安全。人们为了躲避水灾，被迫奔走他乡，开始逃难。包拯调查后发现，这次发生水灾，是因为一些权贵在河道上修筑花园、亭台，令河道受阻。包拯气愤地立即命人把这些花园、亭台统统拆掉。

有个权贵沾着皇亲国戚的光,满以为自己势力大得很,坚决不让拆除。包拯亲自带衙役们去催促,那个权贵有恃无恐,蛮横地说那块地是他祖上传下来的产业,谁也不许动,说完还拿出一张地契向衙役们晃了晃。

包拯上前仔细一看,发现那张地契是伪造的,二话没说,写了一份奏章,准备向宋仁宗揭发这件事。那个权贵一看事情要闹大,到时候吃不了兜着走,吓得乖乖地把花园和亭台拆了。这些私搭乱建的玩意儿拆除后,河道终于畅通无阻,再也没发生过水灾。

京城的权贵们听说包拯执法严厉,铁面无私,都害怕吃眼前亏,再也不敢轻举妄动。可偏有个权贵心存侥幸,打算用钱来买通包拯,到时候放自己一马。当他正打算去送钱时,他的同僚就劝他:"你留点儿神,这个包拯与以往的开封府尹不同,他可是个油盐不进的主儿,出了名地执法如山。你要送钱就等着碰钉子吧,不但办不成事,恐怕还会惹火上身,这不是自讨没趣吗?"

那个权贵听了不信,说:"天下哪有给钱不要的怪事?难道这包拯老爷跟钱有仇吗?"

同僚说:"你别急,我先讲个故事给你听。"

原来,包拯在端州(今广东省肇庆市)做官时,那里盛产一种叫作端砚的砚台。由于当地的石质坚韧,密度细润,适于精雕细刻、加工成精美的砚台工艺品。为此朝廷规定端州辖区的官员,每年要向皇宫进贡一批端砚。

以前的地方官,往往借着向皇帝进贡的名义,乘机向百姓大肆搜刮端砚。这些精美的工艺品，一时成了地方官的无本生意，更是行贿上司、用来买官的好玩意儿。被搜刮来的端砚，远比进贡的数量要多得多。

包拯到了端州，得知这个情况后，马上立了新规，除了向民间征收进贡朝廷的端砚数量以外，多一块也不征收，由百姓在民间自由买卖，公平交易，以增加当地百姓的收入。一直到他离任，也没有私自要过一块端砚。

那个权贵听完，倒抽了一口冷气，心想：世上还真有这样的清官啊！幸亏自己还没出手，不然洋相可就出大了。为此，他心里不由得对包拯暗暗敬畏。

后来，开封的老百姓都知道包拯是个大清官，更加拥戴和信任他。权贵也都明白，在包拯那里没有后门，疏通不了关系，私底下议论纷纷："真倒霉，偏赶上包拯这个六亲不认的主儿来把门儿，既然在风口浪尖上，还是消停点儿好，你我少惹事，枪打出头鸟！等以后换了人，没准儿才有咱们的戏，还是等着瞧吧。"

老百姓可高兴了，一句歌谣很快在民间流传开了："此有阎罗包老，再无关节后门。"可见，百姓已将包拯的铁面无私与传说中的阎罗王相提并论。如此一来，开封违法乱纪的现象得到了一定的遏制，社会也稳定多了。

宋仁宗看到社会安稳，心里高兴，也觉得包拯做事敢担当，有成效，就提升他为枢密副使。包拯做了大官，可他的生活却依然很朴素，跟普通百姓没什么两样。他在一篇《家训》里特别叮嘱他的子孙后代："你们日后要是有谁做了贪官，绝不许回老家，死了以后也不许葬在包家的祖坟。"一时传为佳话。

由于包拯为官一身清廉,赢得了人们的赞扬和敬仰。后世为了纪念他,把他当作清官的化身,尊称他为"包青天""包公""包龙图(包拯被授过龙图阁学士的官衔)"。包拯秉公办案、打击权贵的故事,由民间艺人改编成各种戏曲和小说,广为流传。

第十五章 熙宁变法

宋仁宗在位长达四十多年，尽管在治理国家时，任用过像范仲淹、欧阳修、包拯这样一批德才兼备的大臣，可是顾忌皇亲国戚、权贵们的势力，又听信谗言，使忠臣们相继被贬黜，刚刚有了起色的新政落得虎头蛇尾，最终销声匿迹了。

庞大的财政开支，加上每年须向辽国和西夏缴纳大量的银绢，国家财政入不敷出，宋朝已面临严重危机。

宋仁宗没有儿子，死后从皇族子弟中选出一人做了他的继承人，这人就是宋英宗，可命短的宋英宗在位四年就病死了。1067年，太子赵顼（xū）即位，这就是宋神宗。宋神宗即位时二十岁，这位年轻有为的皇帝面对日渐衰微的国势，决心通过改革来实现国家的富强。

宋神宗登基前就常听说，有个叫王安石的人很有能耐，他即位后就把在江宁府（今江苏省南京市）做知府的王安石调到了京城，命他为翰林学士，并经常与他商议国事。

王安石是抚州临川（今江西临川）人，后来成为北宋著名的政治家和文学家。他自小酷爱读书，几乎到了过目不忘的程度。俗话说：读书破万卷，下笔如有神。王安石不但文章写得出色，诗词造诣也很高。有一次，欧阳修在曾巩的推荐下看了王安石的文章，大加赞赏。后来，王安石也成为唐宋八大家之一。

王安石二十出头就考中了进士，他在鄞州（鄞，yín，今浙江省宁波市）当知县时，组织当地农民兴修水利，建坝筑堤，疏通河道，改善交通。每逢青黄不接、口粮不济时，他就把官仓里的余粮借给百姓，让他们先渡过难关，待到秋收过后，再收少量的利息归还官府。通过这一借一还，能让百姓的日子好过一些，不再受地主豪强的重利盘剥。

王安石在地方上当了二十多年的父母官，做了不少惠民的事情，得到百姓的赞赏和拥戴，名气也越来越大了。那会儿执政的宋仁宗听说后，认为这可是用得着的人，于是把他调到京城，命他为管理财政的官员。王安石进京不久，就向宋仁宗呈上了一篇万言书，提出改革财政以及一系列变法的主张。

宋仁宗废除范仲淹的新政没多久，这会儿一听又要改革，打心眼儿里就烦，连奏章都没看一眼。王安石看出朝廷根本不打算改革，又有一帮贪图利益的权贵合伙反对自己，心想：自己用心良苦写下这篇万言书，完全是为了振兴社稷，保我大宋江山。如今却落得皇帝不待见，群臣翻白眼，到底图个啥呀？这时他母亲去世的消息传来，他一琢磨，干脆辞官走人，回乡奔丧，守灵尽孝才是正经。

直到宋神宗即位，王安石才复出，先被调往江宁府上任，不久又被朝廷召回京城。宋神宗早就听说王安石才干超群，于是单独召见了他，开门见山地问："我想让国家繁荣，百姓安康，你有什么高见？"

当初宋仁宗在殿上对他不屑的样子，王安石仍然历历在目；如今换了宋神宗，自己又站在老地方，一时竟不知说什么好。

神宗笑了笑，接着说："爱卿无须多虑，有话请直说。"

王安石见宋神宗这么信任他，就坦率地回答："陛下，我们的法制还很落后，所以国家才停滞不前。要使国家昌盛，首先要从律法上进行改革。"

宋神宗一听，顿时觉得耳目一新，心想：说得对呀！于是连连点头，说："这是个好主意，你回去先写个详细的改革方案，朕期待阅读你的奏章，到时候我们再详细讨论。"

第二天上朝时，王安石就把连夜修改好的万言书呈交给宋神宗。神宗一口气看完，沉吟了半晌，深感这些意见写得鞭辟入里，大多合自己的心意，不禁赞叹起来："这道奏章分析透彻，难能可贵，有些东西朕也是头一回听说。好，我们就从这儿开始吧。"

1069年，为了使改革能够顺利进行，宋神宗提拔王安石做了副宰相，负责推行变法。由于变法是在神宗熙宁年间举行的，又称为"熙宁变法""王安石变法"。这次变法较为全面地涵盖了政治、经济、军事、教育等方面的改革。这里仅就发展生产、有关民生福祉和富国强兵的几项新法做简要叙述：

一、青苗法——是王安石变法最主要的内容，这是他曾在鄞县推行过的，早已驾轻就熟，现在用来向全国推广。

二、免役法——不再让农民轮流担任官府的差役，改为由官府雇人服役。按贫富程度缴纳免役钱，原来免于服役的官僚地主也不例外。这一来增加了官府收入，二来减轻了农民负担。

三、方田均税法——重新丈量全国的土地，包括那些被官僚地主占据的土地都要丈量核实，再按照土地的数量与肥沃贫瘠程度，酌情征收赋税，以减轻百姓负担。

四、农田水利法——鼓励地方官府兴修水利，开垦荒地。

五、保甲法——政府把农民按户分成十家为一保，五十家为一大保，五百家为一都保，家里若有两人以上的成年男子，抽出一人当保丁，农闲时练兵，战时入伍上前线。

王安石推行的新法，以挽救宋朝政治与经济危机为目的，既发展了生产，又增加了朝廷收入，实施没多久便初见成效。新法提高了国家的边防力量，一改北宋积贫积弱的局面，因此上有皇帝赞赏，下有百姓拥护。但是，变法同样触犯了官僚权贵和大地主的利益，他们想方设法攻击王安石，企图阻止变法实施。

宋神宗见反对的呼声很高，就对王安石说："外面的人都在议论纷纷，指责我们一意孤行，有违祖宗的规矩，擅自在搞变法，难道就不怕变天？面对这些论调，你怎么看呢？"

王安石从容不迫地回答:"陛下只要以社稷为重,心系苍生,就能巩固政权;君王胸怀坦荡,就不怕别人说三道四。至于祖宗的陈规,万不可一味死守,只要与发展大局不符,就必须改革。"

听了王安石说的这些话,宋神宗也觉得有道理,可心里头还是有些含糊,为了缓解与朝中反对派的矛盾,就让王安石对新法稍加修改,弱化矛盾,不料王安石不肯妥协,一字没改。

1074年,河北一连十个月都没有下雨,旱情十分严重,农民只好到处逃荒。有个官员趁机向宋神宗献了一幅"流民图",神秘地对宋神宗说:"陛下可知,只因王安石不听劝阻,一意孤行搞什么变法,这下把老天爷都惹怒了,如今只要罢免王安石,废除新法,老天爷照样下雨。"

这时候,宋神宗的祖母和母亲偏偏都跟保守派是一头的,她们整天在宋神宗面前哭闹着嚷嚷:"皇上得做主啊!天下被王安石搅得乱七八糟的,这可怎么得了呀?不废除新法不得安生啊!"

在众多压力面前,宋神宗逐渐失去了对改革的信心,整天唉声叹气,茶饭不思。

王安石眼看新法推行不下去了,一气之下就向宋神宗提出辞呈。宋神宗于心不忍,可一想道:老祖宗都反对革新,要是继续跟祖母她们对着干,那岂不是不孝?于是批准了王安石的辞呈,让他回江宁府休养。

到了1075年,宋神宗眼看着北宋王朝再次开始走下坡路,又重新把王安石召回来任宰相,继续实施新法。几个月后,天空出现彗星,那些大臣赶忙上奏折,战战兢兢地说:"启禀陛下,扫

故事里的中国历史

一〇〇

彗星可不是好兆头啊！这分明是老天爷在惩罚我大宋王朝啊。"

宋神宗一听就慌了神儿，要大臣们都来发表意见，保守派趁机进言："天意难违，这还不是新法惹的祸吗！"虽然王安石竭力为新法辩护，强调自然天象和变法没有关系，可宋神宗还是禁不住保守派的风言风语，不得不再次罢免了王安石的宰相职务。

1076年春天，心灰意冷的王安石再次辞职，回到江宁府后，伴随着寂寞与悲凉度过余生。

第十六章 百卷《通鉴》

1069年,年轻气盛、朝气蓬勃的宋神宗刚即位时,决心振兴祖业。他不耻下问、多方征求治国方针,觉得王安石提出的一整套大胆的变革方案挺好,就提拔王安石为参知政事,主持变法。王安石主张开源,而当时作为翰林学士的司马光却主张节流。二人是同朝幕僚,关系向来不错,只因在变法上政见不同,越是当着神宗的面,二人争得越激烈。

但他们毕竟是好朋友,变法处于初期阶段时,司马光对王安石并不一概反对,甚至保守派里有人建议弹劾王安石时,他还进行过一番劝解。直到王安石颁发了"青苗法",司马光这才提出相反意见,认为县衙靠官权放钱收息,要比地主放贷收息危害更大，二人为此在大殿前争得脸红脖子粗，众大臣谁也劝不动。

这以后，朝臣中分成了两大派，一是以王安石为代表的改革派，二是以司马光为代表的守旧派。

司马光很想说服自己昔日的好友，就写信给王安石，指出他的变法存在四个缺点：

一、侵犯官员职权；

二、惹是生非；

三、聚敛钱财；

四、不接受别人的意见。

王安石看了当然不服气，心想，就算是好友，原则还是要讲的。于是立刻回了一封信，说："皇上让我推行变法，怎么能说侵犯官员职权呢？我为国家社稷理政，哪里来的惹是生非？为天下黎民百姓理财，何谈聚敛钱财呢？指出别人观点存在的错误，又如何说成不接受别人的意见呢？"

司马光接到王安石的回信，他深知老朋友已经铁了心要搞变法，九头牛也是拉不动的，可两人同在朝廷，低头不见抬头见，与其变成一对冤家，不如趁早走人，眼不见为净。于是辞去了朝廷职务，来到洛阳，关起门来一心一意编写一部编年体史书。

不久，朝廷反对新法的保守派呼声日渐高涨，神宗的母亲高太后历来反对变法，仗着老祖宗的身份，出来又补上一杠子，宋神宗彻底服软，只得令王安石罢相回乡。1085年，宋神宗病逝，他的第六个儿子太子赵煦（xù）只有十岁，即位后就是宋哲宗。

哲宗年幼，于是由他祖母高太皇太后主持朝政。

皇帝一死，朝廷的政务都由太后说了算，刚一临朝，她就把六十七岁的司马光调回京城做了宰相。已近暮年的司马光，十多年来虽然不问政事，但心里头对新法如鲠在喉，依旧十分敌视，上任后第一件大事就是废除了所有新法，总算拔掉了心头这根刺。司马光始终认为，君主才是整个政治秩序的核心，君主的作为是决定国家命运的前提，强调祖宗的规矩不可改变，而王安石的变法，有违朝纲古训。

司马光是陕州夏县（今山西夏县）人，1019年十月十八日出生，当时他的父亲司马池是个县令。司马光从小受父亲影响，酷爱读书，机智聪明。七岁时听了老师讲解的《春秋左氏传》，兴奋不已，回家后就给亲人们讲得眉飞色舞，家人们都感到非常惊喜。在这部书的启蒙下，司马光对历史产生了浓厚的兴趣。

孩童时的司马光，有一次和小伙伴们玩捉迷藏。有个小孩爬上了大水缸，一不小心掉进了缸里。只见缸中的水哗哗地往外溢，周围的小孩都吓得哇哇大叫。

关键时刻，司马光急中生智，立刻搬起一块大石头，铆足了劲儿朝水缸砸去。只听"咚"的一声，缸被砸破了，缸里的水很快涌了出来，那个小孩幸运地得救了。事后，人们对司马光砸缸救童的事迹赞叹不已。这件事很快在京、洛两地传开了，人们把他的事迹画成图画，烧成各类瓷器，广为流传。直到今天，这已经成为家喻户晓的故事。

司马光二十岁那年考中了进士，走上仕途后，他认为以前的

宋元故事

历史书比较繁杂，翻阅起来不着边际。于是，他想把战国到五代的历史编成一本书。刚开始，他把这本书取名为《通志》。

宋神宗在位的时候，司马光把已经写好的一部分书稿拿给喜欢历史的皇上看。神宗看了后非常满意，对司马光说："这部书中记载的历史，如同一面镜子，可以让历代君主对照借鉴、纠正错误。书名建议改成《资治通鉴》。"（"资治"意为能够帮助皇帝治理天下，"鉴"就是镜子。）这么一来，这部书名就成了《资治通鉴》。

司马光的主要成就和贡献，莫过于主持编写了《资治通鉴》。1071年，司马光调到洛阳后，奉诏把"资治通鉴"书局由汴梁迁到洛阳。十五年来，在这段不问政事、比较幽静的岁月里，司马光在助手们的配合下，收集和整理了大量资料，主持编撰了二百九十四卷近四百万字的编年体史书《资治通鉴》。

除了司马光任主编以外，还有当时的著名学者刘恕、刘攽(bān)和范祖禹都参与了副主编的工作。汉代由刘攽分写，三国至南北朝由刘恕分写，唐代由范祖禹分写。司马光的儿子司马康担任审校文字的工作。当时，常年住在被称为独乐园书局里的不仅有主编们，还有洛阳的一些学者贤士，如洛学大家程颢、程颐和北宋著名理学家、诗人邵雍，著名政治家、书法家文彦博等也常来此聚会，他们切磋文史、探究诗书，使这里成为一个名副其实的学术中心。

十多年后，司马光和他的助手们终于把《资治通鉴》这部巨著写成了，从公元前403年写到公元959年，整整记载了一千三百六十二年的历史，达三百多万字。这部书不仅取材广泛，史料丰富，而且文笔生动。其中还附加了很多评论，探讨了历代王朝兴衰的历史规律。由于司马光编著的这部《资治通鉴》在史学上的重大贡献，后人把它和汉代史学家司马迁著的《史记》相提并论，两位史学家被合称为"两司马"。

在历史上，司马光曾被奉为儒家三圣之一（其余两人是孔子、孟子）。他的一言一行都讲究礼节，在洛阳时，他每逢清明到夏县去扫墓时要经过他的兄长司马旦的家。他侍奉年近八十的兄长像对待慈父一般，又像抚育婴儿似的呵护这位耄耋老人。他曾说："我没有什么超过别人的地方，只是我一生的所作所为，从来没有不可告人的。"当时，陕西、洛阳一带的人都以他为榜样，学习他襟怀坦荡的良好品德。

司马光在《资治通鉴》的进表中说："臣已筋骨瘦弱憔悴，老眼昏花，牙齿所存无几，神识衰耗几尽，记性旋踵而忘（比喻瞬间忘事。旋踵，xuán zhǒng，掉转脚跟）。臣毕生精力，尽付于此书。"可见司马光为修成此书鞠躬尽瘁。积劳成疾的他，成书不到两年，于1086年九月初一因病逝世，享年六十八岁。

司马光对物质享受一向看得很淡薄，而对学问却一丝不苟，唯恐探究不深、浅尝辄止。他一生刚正不阿，为人坦荡，粗茶淡饭，衣行朴素，直到去世。

第十七章 蔡京专权

元祐（1086—1094）是宋哲宗赵煦的第一个年号。元祐年间，朝廷是由反对新政的高太后及其旧党当政，因此在后来的党争中，"元祐"一词又被用来专指旧党及其成员。神宗驾崩后，年仅十岁的赵煦登基，开始了由祖母垂帘听政的时代。

高太后听政时期，军国大事都由她和几位保守派大臣处理，年少的哲宗对朝政根本没有发言权，大臣们凡事都得听高太后的。朝堂上，哲宗的御座与高太后的座位相对，大臣们奏疏，向来是面向高太后，背朝哲宗，从不转身向皇帝禀报。以致赵煦亲政后在谈及太后垂帘时，不无感慨地说："我每日只见朝中官员一个个臃肿的后背，一旦跪下来，眼前只剩下一堆撅着的屁股。"

哲宗十七岁时，高太后本可以让位还政，但她仍然大权独揽，七年来垂帘听政的惯性，使得众臣依然有事必先奏疏太后；太后一旦宣旨，众臣必将躬身听候，没人敢劝太后撤帘。太后和众臣对赵煦的轻视，早就惹恼了已是小伙子的他，由于积怨不断加深，他一瞧见元祐大臣就来气，这成为后来贬斥他们的主要原因。

少年老成的赵煦，尽管登基数年，面对无视自己的高太后和元祐大臣，只能用无言的方式抗衡。后来，当大臣向长大些的哲宗和高太后一起禀报时，赵煦都面无表情、沉默不语。高太后觉得奇怪，忍不住问赵煦："朝臣面奏，你为何不表达自己的看法呢？"哲宗回道："既然是太后娘娘说了算，还要我说什么呢？"

高太后看不惯哲宗常用的一张旧桌子，就命人换掉了。第二天，赵煦又派人把旧桌子搬了回来。高太后不解地问他："这是为什么？新桌子不好吗？"

赵煦平静地说："这是父皇（神宗）用过的桌子，不能扔。"高太后听了很无奈，她心里清楚，孙子分明是在纪念提倡新法的父皇，将来这小子一定会给新法翻案。为此，更不敢放权给他了。

1093年九月，高太后病逝，赵煦终于可以不受束缚地独揽大权了。他召回了神宗变法时的重要人物章惇，追谥王安石为"文"，允许王安石接受神宗祭祀的香火；接着，腾出手来整治这些元祐大臣，除了追贬司马光，还把苏轼、苏辙等旧党贬谪到边远的岭南（今广西、广东、海南一带）。最后，在他祖母的墓穴前，狠狠地给了个"老奸擅国"的批语，事后仍不解气，接着又追废了太后的称号。直到这时，他才长长地舒了一口多年来被压抑的怨气。

由于早年积怨太深，赵煦在少年时就有咯血的毛病。1099年八月，赵煦宠爱的贤妃刘氏（即昭怀皇后）生下一个儿子赵茂，他欣喜若狂，不顾重重阻力，封刘氏为皇后。结果宫里的怪事接连不断，刚满月的赵茂不幸夭折了，赵煦悲痛不已，连着三天不上朝。说也奇怪，四天之后，刘氏的小女儿扬国公主又突然暴病死去，一周内连丧幼子女童，他的精神受到沉重打击，比死都难受。

1100年二月二十三日，赵煦病入膏肓，在福宁殿崩逝，年仅二十四岁。他在位十五年，只有七年亲政。

宋哲宗死后，他的弟弟赵佶（jí）即位，就是宋徽宗。宋徽宗一开始很想有一番作为，他学着宋神宗的样子，也制定了一些变法图强的措施。可是在宰相蔡京、心腹宦官童贯的影响下，逐渐失去了治国的心思，只顾写诗作画，寻欢作乐，再也顾不上国家大事了。

蔡京是兴化仙游（今福建省莆田市仙游县）人，宋徽宗刚即位时，他看到皇上也想变法，就说自己是王安石的支持者。后来见宋徽宗喜欢书画，就寻了些字画送给宋徽宗。就这样，蔡京一味地投其所好，很快取得了宋徽宗的宠信，不久还升了大官，当了宰相。

徽宗哪里知道，蔡京所做的一切，都是为了谋取权财。他一上台，就打着变法的大旗，把朝廷里跟他不和的官员一个个地赶了出去，然后，把那些专会阿谀奉承的人调到朝中来做官，朝中一下子变得乌烟瘴气。

宋徽宗喜欢穷奢极欲的生活，蔡京就提出了一个"丰亨豫大"的口号来讨好皇上。这四个字指的是丰盛、亨通、安乐、阔气的意思。徽宗听了满心欢喜，于是大造宫殿园林。

蔡京看透了皇上的心思，讨好地说："如今太平盛世，陛下就应该多花钱，钱花得越多，说明大宋越富强，那些羌胡夷狄才不敢欺负咱们。要是不舍得花钱，就会让人家瞧不起，随时都敢来进犯。"徽宗听了很舒服，于是放开手脚花大钱。朝廷历年积蓄的财富，很快就被挥霍掉了。

宋徽宗特别喜爱书画珍宝，蔡京和童贯就投其所好，替他在苏州、杭州两个地方找了上千名能工巧匠，每天精雕细琢，制作象牙、牛角、金银、竹藤等雕塑品和各类织绣品，供徽宗赏玩。

一开始，宋徽宗看到这些玩意儿觉得挺新鲜，整天爱不释手。可没多久就玩腻了，于是对蔡京说："这些玩意儿没多大意思，你能不能找一些奇花异石来呀？那才赏心悦目呢！"

蔡京一听，马上对宋徽宗说："陛下放心，微臣这就去办。"宋徽宗满意地点点头。

蔡京马上找到自己的心腹朱勔（miǎn），两人一商量，决定在苏州成立一个"苏杭应奉局"（负责搜罗、进献的部门），由朱勔负责在全国搜罗奇花异石。

朱勔到了江南，奉诏到处搜刮民间花石、竹木和奇珍异宝，然后运到船上，以十船为一纲，通过水路送往京城。这些进贡给皇上的花木奇石，又称作"花石纲"。

朱勔派出去搜罗花石纲的官员都跟土匪似的，只要听说谁家院里有上好的花石竹木，就带着兵士闯进去，用黄封条一贴，示意"普天之下，莫非王土"。扬言这些都是皇上的东西，百姓必须尽义务保管，如有损坏，轻则罚款，重则坐牢。

一旦碰上哪户人家的门太小，妨碍他们搬运花石，他们就会不由分说地把这户人家的墙壁拆了。在这期间，很多百姓都被逼得倾家荡产、无家可归。

后来，朱勔搜集的花石纲越来越多，现有的船只都不够用了。朱勔就把运粮船和商船征来，统统装上花石。随着船只的增多，又征调来更多的船夫，逼得百姓苦不堪言。人们只要一看到这些船，就吓得到处跑，唯恐让朱勔抓去当船夫。

宋徽宗一见运来这么多奇花异石，乐坏了，从此更加信任蔡京、朱勔和童贯等人，他哪儿知道江南的百姓早已处在水深火热之中。朱勔有皇帝和蔡京当靠山，搜刮起来变本加厉，为所欲为。老百姓战战兢兢地把"苏杭应奉局"叫作"东南小朝廷"。

胡作非为的蔡京和他的爪牙们，对百姓干尽了敲骨吸髓的勾当，而在宋徽宗的眼里，他们可都是些大功臣。蔡京的三个儿子在宋徽宗的提拔下，不但当了官，连他们的亲信也都鸡犬升天了。

后来，在大宋腐败的温床上又滋生出一批奸臣，像高俅、王黼（fǔ）、梁师成、何执中等人，继续吸百姓的血。百姓对他们恨之入骨，编了一首影射的歌谣来讽刺他们："杀了苴蒿（童贯）割了菜（蔡京），吃了羔儿（高俅）荷叶（何执中）在！"

宋元故事

第十八章 南北起义

在"东南小朝廷"的直接指挥下,以花石纲名目搜刮民脂民膏的行径愈演愈烈,把当地老百姓折腾得鸡犬不宁。俗话说,官逼民反,民不得不反。北宋宣和年间(1119—1125),各地相继爆发了农民起义,形成了北有宋江,南有方腊的局面,他们挥舞义旗,开始造皇帝的反了。

提起耳熟能详的宋江,人们会想起中国古典文学名著《水浒传》里,那一百零八个英雄好汉的故事,并根据他们的事迹,由元末明初的小说家施耐庵通过艺术加工,改编成了长篇小说。

山东梁山县的那座梁山,附近有个大湖叫作梁山泊。北宋年间,黄河发生了两次决口,河水经决口流入湖泊,使湖面扩大到方圆八百里。当地百姓靠山吃山，靠水吃水，大多围绕着湖泊捕鱼捉虾、采集蒲苇度日。可日子过得好好的，怎么会起来造大宋的反？

原来，宋徽宗宠信的那批奸臣以及他们的手下，对百姓的搜刮到了无孔不入的地步。大大小小的官府见到富饶的梁山泊有利可图，就编造出一纸公文，将梁山泊收归公有，所有打鱼捕虾的渔民要按船只缴纳重税。很多渔民入不敷出，缴不起重税，到了走投无路的地步，被迫逼上梁山，投奔到起义军首领宋江那里，这些黎民百姓实在是不得已才走上了造反的路。

起初，起义军不断向地方官府挑战，劫富济贫，逐渐从几十人发展到几千人。不久，这支起义军声势越来越大，已使朝廷众臣谈虎色变。宋徽宗也慌了神，连忙召集大臣商量，最后下了一道诏书，向宋江招安。当时的起义军越战越勇，宋江和部下一商议，就把使者打发走了，压根儿就没搭理朝廷。

第二年年初，起义军把主要矛头对准了地主官僚，打家劫舍，开仓放粮。为了扩大战果，各路人马从山东出发，向河北、苏北一带延伸。朝廷急了眼，马上派出官兵镇压，官兵一见这些梁山起义军武艺高强，作战勇猛，打起仗来不要命，吓得缩头缩脑，不敢正面交锋。

这时候，南方以方腊为首的起义军也开始如火如荼地在各地和官府叫板，这下把徽宗的好日子给彻底搅黄了，他整日心慌慌，急得团团转，再也没心思去观赏奇花异木，把玩儿那些大小石头了。大臣侯蒙乘机向皇上献计，说："宋江草寇大小首领，虽然只有三十六人，却能带动千百人造反，到处横行不法，朝廷官兵百般镇压，却无济于事，实在有辱我大宋朝纲。"

宋徽宗听了，鼻子一哼："那你说该怎么办？"侯蒙接着说："陛下不妨以贼制寇，继续招降宋江，然后派他去攻打方腊。"宋徽宗一听有门儿，马上立下诏书，派侯蒙去招降。没想到侯蒙人还没来得及动身，就病死了。这时，以方腊为首的南方起义军如同星火燎原，越烧越旺。

方腊的老家在安徽歙州（歙，shè，今安徽省歙县），后来流落到睦州（今浙江省杭州市淳安县）的青溪县万年乡，在帮源洞这个地方以种植漆林和做佣工为生。自打朱勔督办花石纲以来，青溪一带成了重灾区，官府不断派人来搜罗竹木花石，百姓们被敲诈得苦不堪言。

方腊看在眼里，恨在心里。1120年十月的一天，方腊在漆园里召集了数千农民，号召大家起义。他大声控诉官府，愤怒地说："国家就像个大家族，我们身为小辈，辛苦劳动一整年，好不容易积下一点粮食和布匹，结果全被官府夺了去，小辈要是稍不情愿，还要遭受他们的打骂和虐待，甚至处死！乡亲们，你们说这日子还能忍受吗？"

大伙儿听了群情激愤，喊道："不能！"

方腊接着说："既然官府不给我们活路，我们也绝不能等死！你们说，该怎么办？""听你的，绝不等死！杀了这帮狗官！"人群愤怒地挥舞着拳头，一阵涌动。在众人的拥护下，方腊担任了起义军的统帅，自称"圣公"，定年号为"永乐"。愤怒的起义军，将各色头巾绑在头上，作为造反的标记，然后一窝蜂似的

宋元故事

杀掉了用花石纲坑害他们的官吏。起义刚一爆发,消息就传开了,没几天,就发展到几万人马。

当地官府着了慌,忙派出五千人马赶来镇压,结果中了方腊设下的埋伏,被打得落花流水,还死了两名将领。起义军乘胜攻入青溪县城,那里的县官吓得头一天夜里就跑掉了。

声势浩大的起义军,势如破竹,接连打下了几十座县城,当队伍发展到数万人时,整个江南都被震动了。眼看杭州府快要失守,警报接二连三地传到开封,宋徽宗做梦也没想到,推行花石纲的诏令不过是让自己赏心悦目而已,怎么会在江南闹出这么大的乱子,居然冒出来数万大军一齐造反。这还了得?

魂不守舍的宋徽宗,连忙揪住宦官童贯,哭丧着脸说:"如今大宋乱在东南,朕唯恐江山不保啊!你赶紧带领十五万大军,前去镇压草民贼子。这东南的事情,就全靠你了!"

童贯不敢耽搁,立刻兵分两路南下。一到苏州就听到报告,证实民怨四起的原因就是臭名昭著的花石纲恶行所致。他为了缓解民愤,立刻用皇上的名义下了一道诏书,到处张贴,上面写道:

前诏督办花石纲一事系讹传,以致民不聊生,草菅人命。朕深感悲切,泣天下苍生,痛惜不已。今番下诏,旨在拨乱反正:

一、即刻撤销承办花石纲的"苏杭应奉局";

二、严查污吏朱勔,一经属实,从严法办;

三、百姓当以务农为己任,安居乐业求昌荣;

四、万望子民勿受贼寇蛊惑而参与谋反,违者斩。

人们簇拥着争看告示,得知朝廷取缔了东南小朝廷,又罢免了狗官朱勔，人人都觉得解气，不禁议论纷纷：天子已在诏书上写得明明白白，原来这花石纲并没有皇帝什么事，都是谋财害命的狗官干的坏事。还是当朝皇上心系百姓，毕竟是来自天上的星宿啊！

大家迷迷瞪瞪地企盼着即将到来的好日子。从这以后，起义军有一批人就不想玩命造反了，有的一心想回乡种田，喂养牲口；有的始终打算靠自家的手艺挣钱，回家继续制作漆器工艺品什么的；还有些小贩，天天都惦记着做各种生意去发财。在人们眼里，打仗实在是一件荒唐事，整天在外饥一顿饱一顿不说，这造反的日子有多悬乎啊！脑袋天天拴在腰带上，能活着全凭运气好，万一撞上霉运，说没命就没了命！

如今皇上下诏安民，实在是皇恩浩荡，谁不想回到家里，享受老婆孩子热炕头的美日子呢？

善良单纯的农民起义军哪里会想到，权倾朝野、狡猾的宦官童贯，用一张安民告示做缓兵之计，一边稳住起义军锐不可当的势头，一边悄悄地加紧调兵遣将，准备形成合围的兵力来镇压和消灭他们呢。

没几天，童贯集中了各路官军围剿起义军，方腊虽然人多，可都是些只会干活儿，不太会打仗的农民，结果在毫无防备的情况下遭到官兵围攻，只好退守青溪县帮源洞，继续抵抗官军。

1121年二月，已经人心涣散的起义军内部，偏偏出了个奸细，官军在奸细的引路下渐渐摸到了帮源洞，方腊措手不及，被官军俘虏了。不久，他被押解到开封，不幸惨遭杀害。

同月，宋徽宗命海州（今江苏省连云港市）知事张叔夜去镇压并招降宋江。张叔夜预先埋伏了重兵，然后引诱宋江到海边作战。宋江不知是计，率起义军朝着小股官军向海边追去。结果中了埋伏，被官军团团围住。这时，张叔夜一再派使者前来招安，宋江感觉走投无路，只好受降。

宋江和方腊的南北两支起义军虽然失败了，却给了北宋王朝一次沉重的打击。比起方腊的慷慨就义，宋江反倒显得迂腐懦弱。他虽然也打击了日趋腐败的北宋政权，但声势和影响远没有方腊的起义军来得猛烈。在宋江的意识里，当初造反是出于无奈，作为大宋子民，依循皇道正统才是归宿，为此在内心深处时常惦记着被招安。结果在官军的包围下，安身立命于当朝的潜意识促使他很快接受了招安。

第十九章 鱼头大宴

北宋王朝在宋江、方腊起义的打击下，国力日渐衰落，到了北宋末年，东北部逐渐强大起来的女真族开始跟辽国较上劲了。

原来，女真人民长期受到辽国的欺凌和压榨，每年要向辽国上贡大量人参、珍珠、马匹和貂皮，还有一种能捕捉天鹅、大雁的猎鹰海东青。随着辽国对女真部落的索取越来越多，派到这里的辽朝官员趁机巧取豪夺、中饱私囊，女真人对此深恶痛绝。

1112年春天，辽朝天祚（zuò）皇帝耶律延禧到东北春州混同江（今松花江）钓鱼，这里明明是女真人的领地，天祚帝却命令女真人各部的酋长都要赶来朝见。

辽国有个风俗，只要冰河解冻后，游猎中的皇帝若捕到第一条鱼，就要举办一场盛大的宴会，称作"鱼头宴"。宴会上，天祚帝为了热闹，请女真酋长们入席喝酒。

酒过三巡，天祚帝带着几分醉意，傲慢地指使女真酋长们为他跳舞。在场的酋长谁都不情愿，可又不敢得罪这个狂妄的辽帝，只好勉为其难，暗暗咬着牙跳起他们的民族舞蹈。

这时，就要轮到一个年轻人上场了，只见他神情严肃地坐在桌旁，一动不动地瞪着天祚帝，全场人生怕他惹恼了辽朝皇帝，都为他捏把汗。他就是女真族完颜部酋长乌雅束的儿子，名叫阿骨打。天祚帝看他不肯起身，就再三催促，只见阿骨打跟个木头人似的，偏不给天祚帝台阶下。

结果，这场鱼头宴闹得不欢而散。天祚帝心里窝火，杀他的念头都起来了，可当众又不便发作，就对大臣萧奉先说："阿骨打这小子目中无人，当众给我难堪，根本没把我放在眼里，不如趁早杀了他，以免后患。"

萧奉先劝道："陛下息怒。这个粗人虽不懂礼数，却还不够杀头的份儿，要是陛下除掉了他，一定会惹怒其他酋长而引起骚乱。再说他一个小部落，成不了什么大气候，灭了他还不是轻而易举嘛。"

天祚帝哼了一声，说："这回便宜了这小子，下回要是再来劲，我可饶不了他！"

其实，跳舞对阿骨打来说是件轻而易举的事，可他实在看不惯天祚帝专横跋扈的样子，所以偏不从。此后，他心里一直憋了一股子劲儿。

转眼过了一年,阿骨打的父亲乌雅束死了,阿骨打继任完颜部的酋长。天祚帝得知后,就派个使者来找别扭,一见面就打起了官腔:"你们死了个酋长,为何不向辽朝皇帝报丧啊?"

阿骨打一听就来了火,瓮声瓮气地说:"我还想问你们呢!我们办丧事的时候,你们怎么不过来问候一下呢?这难道是我们的错吗?"从此,女真人和辽国算是撕破了脸,结下了怨。

阿骨打一心要抗辽,他把女真人各部落都召集在一起,开了个大会,严词声讨辽国对女真族的种种罪行,各部首领群情激愤,一致表示抗辽的决心。会后不久,阿骨打开始修筑城堡,秣马厉兵,并昼夜打造武器,准备反辽。

阿骨打备战的消息传到天祚帝那里,气得他直跺脚,后悔自己当初在鱼头宴上怎么没杀了这小子。他马上调动辽朝的兵马往东北进发。

阿骨打得知天祚帝调兵遣将的消息,立刻采取了主动攻击的战术。他亲自率领精锐骑兵两千五百人,一路朝辽国边境飞奔而来。辽国守城兵将毫无准备,见到黑压压一大群战马远远地飞奔而来,吓得抱头就跑。天祚帝立即派大军奔赴混同江边迎战,不料遭到阿骨打埋伏的骑兵迎头痛击,辽兵猝不及防,纷纷落入江水,死伤大半。女真族骑兵士气大振,乘胜追击,队伍一下子发展到上万人。

1115年正月初一,阿骨打在会宁府(今黑龙江省哈尔滨市)正式称帝,国号大金,他就是金太祖。

金太祖即位后，一想起女真族被辽国羞辱的那段历史，复仇的烈火就在心中燃烧。他命步兵和骑兵日夜操练。到了草肥马壮的秋天，他对部下说："我们现在兵强马壮，正是攻打辽国的好机会，各位觉得怎么样？谁愿意同我出征？"

各部首领一听，认为女真族雪耻的时候到了，纷纷要求跟随阿骨打进攻辽朝。于是，金太祖亲率大军，首先攻破了辽朝东北重镇黄龙府（今吉林省农安县）。天祚帝赶忙命辽朝调来的二十多万步兵和骑兵，火速赶往东北去救援。连日奔波的大军早已兵困马乏，这会儿还要急行军，只好强忍着疲倦继续一路奔波，等赶到战场时已经累得气喘吁吁，只剩下被动挨打的份儿了。

果不其然，金兵不费吹灰之力，就把辽兵打得大败，还缴获了大批武器、辎重和马匹。天祚帝慌了神儿，忙派使者想和金朝讲和，没想到金太祖还是跟当初一样，一点面子也不给，冷冷地对使者说："讲和可以，先叫你们辽国的皇帝老儿过来受降！"

天祚帝气得恼羞成怒，调动了辽国所有的兵力，亲自带领七十万大军到黄龙府来决战。

金太祖严阵以待，命令将士加固营垒，挖壕筑沟，准备抵抗。偏偏这时，辽朝发生了宫廷内乱，天祚帝唯恐帝位不保，忙下令撤兵回朝。金太祖一看天赐良机，立刻率大军出击，打得几十万辽军丢盔弃甲，慌不择路。天祚帝一看大势已去，拼命地跑了一天一夜，逃出几百里地，总算保住了一条命。

阿骨打一看辽国皇帝跑得没了踪影，心想：剩下的城池打起来就轻松多了。又一琢磨，还是先把辽国首都临潢府（今内蒙古自治区赤峰市巴林左旗东南波罗城）打下来再说。

这时候，日渐衰微的北宋王朝里，大臣们正向宋徽宗提议："辽朝眼看就要被金国灭了，此时是收复北方燕云失地的绝好机会。请陛下明鉴。"

宋徽宗觉得可行，就派使者从山东渡海，往北到达辽东，向金太祖表示，宋朝愿意配合金朝夹攻辽朝。经多次商议，双方订立了联合攻打辽国的军事同盟：宋、金同时出兵攻打长城内外的辽兵。长城外的中京（内蒙古自治区赤峰市宁城西大明城）由金军攻打，长城内的燕京（今北京市）由宋军攻打。一旦灭掉辽朝，北宋将收回后晋时期割让给辽朝的燕云十六州失地，并承诺把每年送给辽朝的银、绢、茶叶等，如数转送给金朝，历史上称这次和议为"海上之盟"。

1122年，强悍的金兵，按盟约一直打到长城脚下的古北口，又沿着长城向西进军，打下了辽朝的西京（今山西省大同市），而剩下的燕京，留给宋军去攻打。那么，再来看看宋军的战绩如何。

宋徽宗下诏，命刚刚把方腊起义镇压下去的童贯作为统帅，蔡京的儿子蔡攸做副统帅，带领十五万大军进攻北方的燕京。童贯胸有成竹，认为被金军重创的辽兵已经不堪一击。没想到双方一交锋，童贯连吃了两个大败仗，不但燕京没收复，还一连串地损兵折将，居然把自家的兵器、粮草、辎重全都赔了进去，就差把宋朝的家底打光了。

老奸巨猾、色厉内荏的童贯，镇压国内百姓很有手段，可抗击外敌就成怂包了。他为了逃避失败的罪责，秘密地派使臣到金营，请求金军去攻打燕京。金太祖一琢磨，自己已经打下不少城池，再打一个燕京也不在话下。可是不能白白为宋朝出兵，等拿下燕京自己就有主动权了，到时候再跟对方谈条件，借机再捞些好处，反正不能便宜了宋朝。

于是，金太祖从大同挥师进入居庸关，一举拿下了燕京，然后向童贯狮子大开口。童贯自知有短儿，谁叫自己请求金朝去打燕京的呢？只好屈辱地答应了对方的条件：把每年收取燕京人民的一百万贯赋税交给了金国，这才把燕京赎了回来。

第二十章 李纲抗金

连续打了败仗的童贯,要每年上贡给金人一百万贯钱财,他如何向昏庸迂腐的宋徽宗交代,金人是万万猜不到的。只知道腐败的辽朝节节败退,皇帝都吓跑了;可北宋王朝呢,连个燕京都没打下来,反被大金的手下败将辽军给打了个落花流水!金朝这回总算看明白了,宋朝比辽朝还弱!

1123年八月,阿骨打在一次行军途中病死了,他的弟弟完颜晟(shèng)即位,就是金太宗。1125年,金太宗率重兵追杀天祚帝,一举灭了辽国。这时候,金国已经统一了北方,金太宗看见自己的军队所向披靡,于是虎视眈眈地瞄准了下一个软弱可欺的中原猎物,开始把进攻矛头对准了南边的北宋王朝。

同年十月，金太宗指责宋朝收留了一个辽国的叛将张觉，于是以有违双方签订的"不准招降纳叛"的盟约为借口，分兵两路攻打宋朝。东路军由元帅宗望（完颜斡离不）率领，从平州（今河北省秦皇岛市卢龙县）出发，进攻燕京，目标开封；西路军由元帅宗翰（完颜粘罕）率领，从雁门关出发，进攻太原，目标洛阳。两支军队约定在宋朝的京城会合。

西路军一到太原城外，就遭到太原守军的坚决抵抗，被牵制住兵力，只好屯兵城下；东路军进攻燕京时，守将郭药师叛变，于是燕京失守，叛将郭药师又领着金军乘胜长驱南下，直取开封。

宋朝前线的告急文书，还有金国宣布宋徽宗叛盟毁约的罪状书，接二连三地飞到首都开封，宋徽宗每看一封文书，就像五雷轰顶，吓得魂飞魄散。大臣们也都慌了神，认为徽宗要是再不退位，就会不断增加金国的愤怒。徽宗做了二十多年的皇帝，心想：如今麻烦国事越来越多，还是传位给儿子赵桓，自己当个太上皇来得太平。可是一股巨大的失落感，又使他悲哀地自言自语："想不到女真人竟敢如此对我。"话音刚落，气血攻心，忽然头重脚轻，从龙床上一头栽到地下。

大臣们手忙脚乱地把徽宗扶了起来，太医闻讯赶来灌药施救，折腾了好一阵子，总算给弄醒了。徽宗一睁眼，听说金兵已经打到了离开封不远的地方，嘴里就不停地念叨着："金人怎么会来得这么快？"一想起金朝发来的谴文，指责他收留辽国叛将，不禁又哆嗦起来，他哪里还敢去碰金军？一心只想着逃跑。

这些日子，宋徽宗惶惶不可终日，匆匆把皇位传给儿子赵桓后，终于可以解脱了。于是打出"烧香祭祖"的名义，跑到镇江避难去了。

赵桓即位后，就是宋钦宗，他改年号为靖康，很想仿效宋真宗当年御驾亲征，以此打退金军的进攻。可他身边的宰相白时中和李邦彦都是胆小鬼，二人得知金军人马已经过了黄河，直朝开封扑来，都战战兢兢地劝宋钦宗："启禀陛下，宋军连辽军都打不过，难道还打得过金军吗？不如趁早向南避一避吧。"

其实，宋钦宗骨子里还是挺像他爹的，听了两个大臣这么一说，也打起了逃跑的主意。

危难时刻，时任兵部侍郎的李纲站了出来，对宋钦宗说："太上皇把帝位传给您，就是希望您能带领大家打退金军，这时候怎么能够撤走呢？"

还没等皇上开口，一旁的白时中插了嘴："金军实在太强大，京城哪里守得住？一旦被攻破，皇帝就会让金人害死。"

李纲见了白时中就没好气，驳斥他说："天下的城池，还有哪儿像开封这样坚固的？再说文武官员和百姓都在这里，只要我们大家齐心协力，怎么会守不住呢？"

宋钦宗听了李纲的话，半信半疑，就问："你看谁能守住京城呢？"

李纲扫了一眼白时中和李邦彦说："朝廷平日用高官厚禄供养官员，养兵千日，用在一时。宰相的官位最高，应该由他们担当起守城的重任。"

白时中和李邦彦一听吓得面如土色，白时中气急败坏地说：

"李大人真会说笑，宰相是文官，哪有守城的本事？听你的口气，还是由你来担当守城这个重任吧。"

李纲看透了这两个贪生怕死的奸臣，心想：守城的任务绝对不能交给这种败类。明明知道对方在用激将法，但从大局着眼，这个重任也只能自己来扛了。于是从容不迫地对宋钦宗说："如果陛下让我带兵守城，我甘愿以死报国。"

宋钦宗见李纲态度坚决，一心抗敌，就让他掌管兵马，自己还是想溜，就说："既然京城由你守卫，我可以放心离开了吧？"

李纲一听宋钦宗还想跑，就直截了当地说："当年安禄山叛乱时，唐玄宗携贵妃逃往四川，结果丢了一半江山，难道陛下也想走唐玄宗的老路？将来天下人会怎么看您呢？"

宋钦宗无言以对，只好留下来。可白时中和李邦彦铁了心要跑路，等李纲一走，再一次劝宋钦宗逃跑，钦宗又动摇了。

第二天上朝的时候，李纲发现宫外都准备好了让宋钦宗逃跑的马车。李纲生气地问护驾的将军："你们愿意和陛下一起逃跑呢，还是愿意守卫京城？"

将士们齐声说："我们家属都在京城，愿意死守，谁也不想逃跑。"李纲心里有了数，带着几名禁军将领去见宋钦宗，说："将士的家属都在京城，怎么会舍得离开呢？如果强迫他们随您逃跑，他们心中肯定不满，万一惦记家人再跑回去，敌军趁机追过来，到那时谁来保护陛下？"

宋钦宗一听，原来逃跑也有风险，这才不得不留下来。李纲出宫，马上向大家宣布："皇上已经决定驻守京城，以后谁再敢提逃跑，一律斩首。"将士们听了都欢呼起来。那两个宰相听了暗暗叫苦。

李纲终于把皇帝稳住了，开始率领军民，积极开展守城的各项防务工作，在京城四周布下兵将，严阵以待。

这时，金军元帅宗望率领的部队已经兵临城下，他们首先采取火攻的方法，将几十条船点了火，从上游顺流而下，打算火攻宣泽门。李纲组织了两千多名敢死队员，一字排开埋伏在城下，等金军火船一靠近，敢死队突然冒出来用长钩钩住敌船，被钩住的火船首尾相撞，瞬间就堵住了水道。

城上的士兵一看机会来了，迅速将准备好的大石块用抛石机抛向火船，大大小小的石块密集地飞到火船上，当场就砸沉了十几只船，还砸死了一百多金兵，其余的金兵慌忙跳水逃生。

宗望没想到开封城防如此坚固，三番五次攻不下来，就答应同北宋议和。宋钦宗、白时中、李邦彦一伙人正求之不得，马上派使者去金营谈判议和。

城池虽然没攻下来，但在宗望眼里，北宋就是个软柿子，他一边在谈判桌上向北宋提出苛刻的条件，一边集中兵力加紧攻城。李纲深知金人厉害，丝毫不敢放松，昼夜不停地在城上指挥作战，面对金兵架上来的一排排云梯，令弓弩手和弓箭手轮番射击，密集的箭支雨点似的向对方射去，金兵纷纷中箭倒地。

李纲见金兵的备用云梯还没来得及打开，立即命令上百名敢死队员用绳索沿着城墙跃到城下，接着分头放火烧毁了金军的大部分云梯，还冒死杀掉了十多名金将。

故事里的中国历史

李纲这边坚守城池，打退了金兵的一次次进攻；可在双方的谈判桌上，宋钦宗为求得一时的安宁，企盼金人早日退兵，不惜倾尽全国的财富献给金人，并接受了一系列丧权辱国的条件。

第二十一章 靖康之耻

对金军的侵犯，腐朽没落的北宋王朝答应割让太原、河间、中山（今河北省定州市）三镇，缴纳金五百万两、银五千万两，还有牛马上万头、绢帛百万匹。这还不够，接着再去巴结金人，尊称金国皇帝为"伯父"。钦宗认为，只有这样才能换得太平日子万年长。李纲得知后，气得差点吐了血，虽极力反对，却无济于事。

宗望见李纲不断加强防备，军民大有决心抵抗的架势，心想，谈判的目的已经达到，既然占了大便宜，再一味攻打只会惹怒宋朝，到头来恐怕损兵折将的是自己。于是不敢久留，还没等宋朝交足赔款，就匆匆撤走了。

金兵撤走以后，宋钦宗和主降派的大臣认为

天下终于安稳了，就把躲在镇江的老爹宋徽宗接回了开封。从此父子二人又恢复了以往抱残守缺、苟且偷安的日子。李纲一看皇上父子依旧沉迷于花天酒地、纸醉金迷的奢侈生活，急得不行，几次上书进谏，劝宋钦宗说："眼下敌人虽然退去，可我们一定要加强军备，以防金兵再来侵犯。"

宋钦宗刚过了几天宫廷里的舒心日子，一听李纲的话，感到大煞风景。这时，前方告急，西路的宗翰率领金兵正在加紧攻打太原，亟待救援。朝中的投降派趁机在宋钦宗那里使劲儿排挤李纲，钦宗正烦李纲唠叨，心想：把他支走不就清静了吗？于是派他去太原和金军作战。

李纲打算兵分三路与金军作战，可那些将士偏偏听信了一个奸臣污蔑李纲的话，说什么"他这人好大喜功，即便打了胜仗也跟你们没啥关系，实在不值得为他去卖命"。这样一来，军心动摇，将士们再也提不起精神，结果三路军队都吃了败仗。

李纲名义上是统帅，实际上手无实权，他知道自己遭到排挤，撤回京城后，索性向宋钦宗提出辞职。钦宗巴不得李纲走远点儿，就把他贬到南方去了。

金太宗得知李纲被贬，简直高兴坏了。1126年八月，他又命令宗望和宗翰再次进攻宋朝的都城开封。

那时候，宋军一直在太原抵抗金兵的围剿，宗翰把太原城围了八个月，后来城里断了粮，宋朝的将士只好杀牛马、采野菜充饥。再往后，能吃的都吃光了，忍饥挨饿的将士们失去了战斗力，最终太原城被金兵攻破。

太原失守后,两路金军继续南下。各路宋军得知京城危在旦夕,就主动带兵前来救援。可是宋钦宗和投降派大臣却很愿意听从金人"伯父"的话,百依百顺地忙着向对方割地求和。为了进一步向金人表示诚意,命令所有的援军都退回原地。

不久,宗翰的西路军到达黄河北岸,他们虚张声势地在半夜打起了战鼓,宋军以为金兵要渡河进攻,吓得纷纷丢下营寨逃命。不到天亮,十三万宋军逃得一个不剩。宗翰没费一兵一卒,顺利地渡过了黄河。

这时,宗望的东路军也攻下了河北大名,与西路军形成钳形攻势,向京城开封逼近。宋军节节败退的消息,把宋钦宗吓蒙了。那些投降派大臣又开始成天上书,一再强调只有向金人求和,别无他路可循。宋钦宗听了,赶紧派他的弟弟康王赵构去金营和谈。

赵构路过磁州(今河北省邯郸市磁县)时,州官宗泽好心地劝他说:"金朝提出的议和都是骗人的把戏,您一旦去了就会把您扣下来。"

赵构担心万一被凶狠的金人扣住,性命难保。于是就在相州(今河南省安阳市)停了下来。

金人没等到宋朝议和的使者,就加紧攻打京城。这时城中有个叫郭京的无赖跑了出来,吹嘘自己凭借"六甲法术",可以招来天兵天将和天神,既能生擒敌军元帅,又能大破金兵。昏庸的宋钦宗竟然听信了这个江湖骗子,连兵部尚书孙傅和一些朝臣居然也都对他深信不疑,统统把他当成救命稻草,于是把军队交给他指挥。等到金人进攻的时候,郭京就装神弄鬼,口念咒语,命人大开城门。

结果城门一开,金兵如入无人之境,本应固若金汤的首都开封瞬间塌陷。而那个江湖骗子早已不知去向,没了踪影。

宋钦宗眼看末日来临,赶紧派主降派宰相何㮚去金营求和。何㮚吓得直尿裤子,一连几次爬不上马背。宋钦宗父子为了讨好金朝,这时派出大批官员,协助金兵到百姓家搜刮金银财物。盛气凌人的金人向北宋索取了天文数字的黄金、白银和财宝。

1127年三月,徽宗、钦宗先后被抓到金营当了俘虏。金太宗下令把这两个皇帝都废为平民。同时把赵姓的皇亲国戚与嫔妃、宦官与宫女,以及各种能工巧匠等三千多人,统统押上大队牛车,载往数千里外寒风呼啸的东北地区。

由于怕引起宋朝百姓的反抗,金人不敢在京城多待,于是匆匆选中了北宋主降派、历来主张议和的奸相张邦昌来当傀儡皇帝,另立伪齐政权。至此,从赵匡胤称帝开始,统治了一百六十七年的北宋王朝灭亡了。由于这次事变发生在北宋靖康年间,历史上称为"靖康之耻"或"靖康之难"。

这对皇帝父子沦为囚徒后,各自庆幸肉身完好,照样吃喝。父子俩认为,宋军一路败北,以致山河破碎,皇帝落魄,都是因为金人生来彪悍,实在太强大。眼下大宋三番五次割地送金银,这议和的诚意天地可鉴。

两代皇帝难得同囚一处,朝夕相处,可以尽情地敞开心扉互诉衷肠。为此,二人经常感叹,即便贵为天子,一旦落魄,也免不了要遭遇各种磨难,因此时常互相勉励,共度艰难时日。

故事里的中国历史

一三八

总之，两个落魄的皇帝，苟延残喘到临死时，都没能保住他们生前所企盼的尊严。1135年，徽宗病死在荒凉的五国城（今黑龙江省哈尔滨市依兰县）一处废弃的破房里，土炕上的尸体散发出熏天的臭气。

1156年，钦宗被金国皇帝完颜亮下令押回中都（今北京市），与被俘的辽国皇帝天祚帝同囚在郊区的一座破庙里。一天，兴致勃勃的完颜亮要观看将领们比赛打马球，命两个囚徒也参加。钦宗本是一介文弱书生，又被囚禁了快三十年，晃晃悠悠地勉强爬上马背，结果没跑出一丈地就摔了下来，被将领相互追逐的马匹践踏而死。那个杀人如麻的天祚帝，喘着粗气想趁机骑马溜走，但毕竟八十一岁了，动作迟缓，被金兵一阵乱箭射去，一头栽倒在荒草堆里。瞬间，两个曾是冤家对头的皇帝都丧了命。

北宋灭亡的时候，康王赵构还在相州，侥幸逃离了金人的扣押。后来京城失守，宋钦宗得知赵构没落在金人手里，就认定了这棵救命稻草，封他为兵马大元帅，统领全国的军队。

赵构虽然当了大元帅，却不想领兵打仗，只想过自己的舒心日子。群臣都劝赵构，说："天下不可一日无君，现在皇族中只有您才能即位当皇帝。"

赵构听大臣们这么一说，就欣然答应了。1127年五月，赵构在宋南京（今河南省商丘市）登基称帝，改年号为"建炎"。后来，中原地区又落在金人手里，他为了远离金人，又把国都迁到了临安（今浙江省杭州市）。这个苟且偷安的赵构，就是宋高宗，成为南宋的开国皇帝。

第二十二章 千古才女

偏安的南宋小朝廷，从腐朽没落的北宋躯壳里衍生出来，依然追求着纸醉金迷的生活。1129年，宗翰领兵南下，一路烧杀抢掠，肆虐横行。沿途的南宋官员降的降，逃的逃。在金太宗眼里，南宋比北宋还要软弱可欺，于是继续扩张，派大将金兀术（兀术，wù zhú）率大批金兵南侵，很快占领了建康（今江苏省南京市）。

宋高宗听说金兵一路追来，吓得慌忙从临安逃到越州（今浙江省绍兴市），又从越州逃到明州（今浙江省宁波市）。金兀术一直带兵穷追不舍，六神无主的高宗，跑了一大圈马拉松，见陆地已是无路可逃，就连忙乘船漂向大海，觉得还是在茫茫大海上活得踏实。

金人的残暴掠夺和宋朝的昏庸腐朽，给亡国的百姓带来了深重的灾难，人民受尽了战乱的煎熬。在纷纷逃难的人群中，有一位宋代著名的女词人。

这位女词人名叫李清照，号易安居士，山东济南章丘人。她的父亲李格非是北宋著名文学家苏轼的学生，在徽宗时期任过礼部员外郎等官职，因为对奸臣不满，遭到宰相蔡京的打击和排挤。

李清照从小在父亲的引导下，十分喜爱文学，尤其喜欢作词，她在少女时代写的诗词已经远近闻名，后来成为南宋婉约派词人的代表。非凡的艺术成就，使她享有"千古第一才女"的美称。

李清照十八岁时嫁给了翰林院学士赵明诚。赵明诚是吏部侍郎赵挺之的小儿子，后来成为宋代著名的金石学家。夫妻俩情投意合、恩恩爱爱，除了喜欢诗词，双双爱好金石学（刻在古代铜器和石碑上的文字）。他们竭尽所能地收藏金石，这些陆续收集来的珍贵文物，不但具有极高的艺术价值，还反映了我国古代精湛的雕刻技艺，同时保留了丰富的史料。

那时候，李清照夫妇每到初一和十五的日子，都会攒些钱去大相国寺，看看庙会上有没有他们喜欢的碑刻、字画。那里是开封最大的寺庙，庙会上摆满了各种琳琅满目的商品。他们经过长年积累，收藏了很多碑帖、字画。二人十分珍惜这些文物，把它们清理得一尘不染。他们常去当铺里卖掉衣物来买这些宝贝，收藏金石成为夫妻二人最大的乐趣。

相传在徽宗宣和年间的一个重阳节，李清照思念远在山东莱州做官的丈夫赵明诚，深情地写下了一首《醉花阴》词，这里不

故事里的中国历史

妨撷取三句来欣赏：

一、"薄雾浓云愁永昼，瑞脑销金兽"，描写在重阳佳节里的百无聊赖之感，连炉香也懒得打理，任凭它自行消尽。倾诉了自己愁情满怀的相思心绪，给全词奠定了"愁情"的基调。

二、"东篱把酒黄昏后，有暗香盈袖"，描写黄昏时分独自饮酒的凄凉。面对夕阳西下的绚丽景色，衬托出作者孤身一人的悲凉，以美景写哀情。

三、"莫道不销魂，帘卷西风，人比黄花瘦"，生动传神，幽寂而凄迷。词人以黄花相衬，新奇别致。"瘦"字更是一语双关，将人和花融为一体，寄托了无限的情思。

"靖康之难"以前的那段岁月，是李清照一生中最美好的时光。她与丈夫朝夕相伴，吟诗作词。赵明诚花了二十年时间写成一部记载古代历史文物的著作，叫《金石录》，成为宋代金石考证的一部论著，也是研究我国古代学术史的重要文献。

在这期间，李清照创作了许多清丽婉约的诗词作品，大多表现了她对祖国山河的热爱，对美好生活的追求。

"靖康之难"以后，李清照完全失去了往日平静悠闲的生活，开始了颠沛流离的凄苦生活。

1127年，宋高宗即位，赵明诚被任命为建康知府。李清照夫妇为了躲避金人抢掠，他们选取了一些最名贵的碑石、字画，装了十几辆马车先让赵明诚带到了建康。在那战火纷飞的年代，李清照为了避难，次年也来到建康。那些留在老家的十几间文物和房屋一起，竟然被金军烧成了灰烬。

夫妻团聚了没几天，赵明诚接到诏令要去湖州当知府。时下兵荒马乱，赵明诚担心李清照的安危，不让妻子随行。分别时李清照问丈夫："你这一走，要是金人打过来，我怎么办呢？"

赵明诚不忍地说："你看着办吧。实在不行，就把能舍的东西都舍了，不过那几件珍贵的文物，请你一定收藏好，就像保护自己的生命一样。"李清照含着泪点了点头。不料赵明诚这一走，在途中染上了疟疾，很快就撒手人寰了。

丈夫病逝的噩耗传来，使李清照非常伤心，无奈之下，她只好把这些文物带到了赵明诚的妹婿家，本以为他的家乡洪州（今江西省南昌市）地处偏远会安全一些，没想到金兵又打到了那里，转移的文物大多毁于战火，余下的不是被偷就是被盗，当她逃难到绍兴时，随身运载的大小文物只剩下一些残简碎片了。

国破家亡之际，李清照饱受凄苦飘零、逃难生活之苦。随着金兵南下，高宗率先一路逃亡，山河的破碎使李清照后期的创作风格发生了转变。出于对故土深深的眷恋，她的词由原来的清丽婉约变得悲壮深沉。她对高宗在国难当头的危急时刻不思抵抗，只顾一味逃跑的行径，充满了鄙视。她在《乌江》这首五绝诗中，给予了有力的抨击：

"生当做人杰，死亦为鬼雄。至今思项羽，不肯过江东。"

数年来，李清照把发自内心的种种感触写成了许多词，用来表达她的爱国精神和不幸遭遇。

1132年，李清照在丈夫去世六年后，历尽艰辛，几经周折来到临安。她笔耕不辍，对《金石录》做了两年的修改和审校，并写下了一篇融叙事与抒情于一体的《金石录后序》。

这是一篇带有作者自传性的散文，介绍了赵明诚、李清照夫妇收集、整理金石文物的经过和《金石录》著书立说的过程。其中婉转曲折、翔实缜密地追忆了他们婚后三十四年中的忧喜得失，语言简洁流畅、风格清新俊逸、文字秀美动人。李清照把对丈夫的一往情深，倾注在行云流水而隽永的文笔中，动人地叙述了那段凄美的往事，使读者随着她的欢欣与悲戚，不由得心驰神往，读罢却令人掩卷凄然。

回顾李清照创作的词，大多并不以辞采取胜，而以白描的手法来抒发清新的意境，使人们可以在通俗的语言中领略一番自然朴素的情怀，体验一种身临其境、清新淡雅的真切感触。

譬如在她的《声声慢》一词中，连用"寻寻觅觅，冷冷清清、凄凄惨惨戚戚"十四个叠字，具有声韵俱佳的独创性，这种明朗率直、自然朴素、不见雕痕的手法，令世人称奇。那句"梧桐更兼细雨，到黄昏、点点滴滴"的白描手法，入木三分，使词语产生经久不息的生命力，千百年来人们吟诵至今，仍然脍炙人口。

李清照作为中国古代文学史上罕见的女作家，不仅表达了古代妇女追求男女平等的诉求，更让人们新奇地领略到，在历来矜持含蓄的中国古代女性的情感世界里，时时迸发出鲜活亮丽、令人耳目一新的大千气象。此外，她那崇高的爱国情怀与愤世嫉俗的感慨，往往体现在她富于内涵的作品中，使她的词作在不断的锤炼中日趋炉火纯青、独树一帜，形成了自己独特的艺术风格。

第二十三章 大破金兵

　　1129年秋天，十万金兵再次南下，占领了中原，并且突破了长江天险，攻入建康等重要城镇。这时，躲在杭州的宋高宗又要逃跑。宋朝主战派大将韩世忠急忙进谏："大敌当前，国家危在旦夕，眼下已丢失河北、河东、山东等地，若再丢掉江淮，陛下还能往哪里逃呢？"

　　宋高宗一心想保命，满脑子都是逃，什么也听不进去。可又怕被众臣看成胆小鬼，于是故作镇定地说："爱卿无须多虑，朕视危情迫在眉睫，为保皇室免遭屠戮而暂避海上，此为权宜之计，日后伺机重振我大宋雄风嘛。"说完朝着那批投降派望去。

　　投降派见皇上看过来，都乖巧得很，马上随

声附和："陛下圣明！大宋雄风指日可待，指日可待呀！"说完，又赶紧挤出了几声干笑。

高宗听后舒了一口气，心里一琢磨，干脆任命韩世忠为浙西制置使，让他去防守镇江。诏令下完，高宗就在一批投降派的簇拥下，火速向南逃跑，先往江浙绕了一大圈，最后从明州乘船逃到了海上。

金兵一直追到海边，金兀术担心长江岸边会有宋军驻守，生怕腹背受敌，没敢继续穷追，沿途见能抢的就抢，随后匆匆撤去。等金兵一撤，高宗又像玩儿捉迷藏似的从海上溜回了临安。

1130年初，韩世忠得知金兵撤退途经镇江的消息，立即调兵遣将，分兵把守松江、江湾（今上海市）、海口一带战略要地，并命人舞动旌旗、操练军队，以此摆开阵势，使金兵见了不敢从这些口岸撤退。接着连夜率领余下的八千人马，一路疾行赶到镇江，随后用百艘大船封锁住江面，切断敌人的退路，决心在此痛击金兵。

韩世忠自幼习文练武，为人耿直，行侠仗义。他年轻时身材魁梧，浑身是劲儿。乡亲们见了纷纷说："你有这么个好身板儿，又有一身武艺，将来准是个将军！"刚到十七岁，他就踊跃报名参了军。憨厚善良的他，尽管战功赫赫，却从不追求功名。

此时，金兀术根本没把韩世忠放在眼里，正准备渡江，没想到前方小卒来报，说宋军首领不许他们过江。金兀术求胜心切，仗着自身拥兵十万，立即派遣使者到宋营下战书，约期会战。

韩世忠接到战书，心想：十万金兵对战自己的八千宋兵，实在太过悬殊，要想打赢这场仗，绝不能硬拼，只能以智取胜。想来想去，韩世忠终于想出了一条妙计。

他把宋将召集在一起，说："这一带的地势，要数金山（镇江江面上的一个小岛）上的龙王庙最为险要。敌人肯定会去那里察看我军动静。我们要先占据有利地形，打个伏击战。"大家一听要痛击金人，都铆足了劲，纷纷要求参战。

果然不出韩世忠所料，没过几天，金兀术就带领四名金将，骑马摸到了龙王庙。埋伏在庙里的兵士等他们一靠近，突然一阵鼓声，大队人马冲了出来。金兀术和几个金将大惊失色，他们做梦也没想到，一个不起眼的小庙里头居然还有伏兵！于是立即转身往回跑。宋兵在后紧追不放。金兀术鬼得很，一听到动静，拼命和两名部将骑马跑在最前面。另两名金将还没来得及掉转马头，就被宋兵先后抓住，押回大营。后来经宋将审问，才得知逃走的三个人中，身穿红袍的正是金兀术。将士们听了直后悔，擒贼先擒王，当初应该玩儿命死追跑在最前面的红袍金人。唉，这会儿说什么都晚了。

韩世忠与敌人约定了在江中的交战日期，他利用金兵不习水战的弱点，封锁住长江北岸。到了决战那天，双方在江面上排开阵势，准备展开一场血战。

韩世忠的夫人、武将出身的梁红玉，是个爱憎分明、通晓武艺的抗金女将。她多次随夫征战南北，屡建战功。这一天，梁红玉披挂上阵，疾步登上金山妙高台，紧握鼓槌奋力击打。江面上回荡着隆隆鼓声，伴随着起伏的江涛，如同阵阵雷鸣。宋军将士见梁夫人冒着敌箭亲自擂鼓，不由得士气大振。

宋元故事

韩世忠身披铠甲,在震耳欲聋的鼓声中,带领将士们奋勇向江面上的金军冲去。一时刀光剑影,杀声震天。金军人数虽多,可连日行军,疲劳不堪,哪里经得住宋军一鼓作气下的迎头痛击?一仗下来,金军被宋军打得晕头转向,只好缩了回去。

接下来双方又经过几次交战,只见金兵一遇水战就站立不稳,每一次进攻都被打得败下阵去。宋军信心大增,多次开船追杀,并活捉了金兀术的女婿龙虎大王。金兀术连吃了几次亏,只好收兵,不敢再战。

金兀术终于领教了韩世忠的厉害,于是打算和谈,情愿送一些钱财和五百匹宝马给宋军,希望韩世忠放金兵过江。韩世忠哪里肯答应?冷冷地对来人说:"我和你们水火不相容,至于钱财和宝马我是不会要的。只要你们把掳去的两个皇帝放回来,归还占领的大宋疆土,就放你们过江。"

金兀术哪里敢擅自做主放走大宋的"二圣"呢?只好带着士兵退到了黄天荡(今江苏省南京市东北),打算从这里渡江北逃。他哪里知道,黄天荡自古以来就是江中废弃的一条死港,只有进的路,没有出的道,除非原路返回。

韩世忠见金兵船只进了死港,就立即率兵封锁退路。金兀术的金兵被困在黄天荡内,进退无门。眼见十万兵士就要被饿死在里面,金兀术急忙派使者跟韩世忠讲和,愿意向宋军献出更多宝马,抢掠的财物全部归还,以此来换取退路,被韩世忠一口否决。

金兀术只好硬着头皮再战,但退路已被韩世忠封死,突围的金兵一个个被打成了落水狗。金兀术快急疯了,连忙悬赏重金,谋求有人能给他指一条出路。

不久,一个冲着重金来的探子向金兀术提供了出逃的路线。他告知黄天荡内有一条老鹳(guàn)河,往北十多里直通建康秦淮河,只因年久而被淤泥堵塞,如派人挖通后,就可从水路逃走。

金兀术欣喜若狂,忙派一队士兵连夜赶挖,天刚亮就挖通了。金兀术马上从水道打算进入建康,金兵刚刚冒了个头,却被途经牛头山、已经收复建康的岳飞军队发现,一见敌人从这里蹿出来,立即调集大军猛击,金兵只好又退回黄天荡。

金兀术在黄天荡被围困了足足四十八天,为了逃生,再次重金悬赏,向当地寻找逃跑路线。偏偏又有个图财的探子来献计,说可以用火攻的办法让宋军的战船不能追击。

金兀术这回变得格外小心,他等到天气风平浪静时,就悄悄地带着自己的军队乘小船出了黄天荡。韩世忠立刻带领大船来拦截,此时江面上偏偏没有风,大船行驶缓慢,赶不上小船,韩世忠急得一时没了办法。正在这时,宋军多条船上突然冒起火来,船上的宋军措手不及,纷纷落水。这是怎么回事呢?

原来,那个探子向金兀术献策,教他们乘宋军扬帆行船的时候,集中火箭射击船帆,烧毁宋军战船,这条计谋果然见效,金兵乘机冲出了黄天荡。韩世忠和将士们只好眼睁睁看着金兀术向北逃去。

金兀术虽然跑了,但这场黄天荡战役,宋军仅以八千人马,将金兀术的十万大军打得抱头鼠窜、狼狈而逃,终于扭转了南宋一味溃逃的颓败局面,取得了战略上的重大胜利。

此外，韩世忠以巧制敌、以少胜多的辉煌战绩，激发了江淮人民强烈的抗金斗志和信心，人民看到金兵并不可怕，金兵也不敢再小瞧宋军了。江淮百姓欢欣鼓舞，交口称赞抗金英雄。

黄天荡大捷，如同一曲嘹亮的战斗号角，响彻大江南北。

第二十四章 郾城大战

宋军黄天荡大捷以后，金国发生了内乱，南宋大将岳飞认为这是个收复失地的好机会，就决定带领军队北伐。

岳飞出生于1103年三月二十四日，河北西路相州汤阴（河南省安阳市汤阴县）人。传说岳飞出生时，有大禽若鹄（hú），从屋顶飞过，为此父母给他取名飞，字鹏举。

他出生那年，正赶上黄河决口，洪水泛滥，使得原本贫寒的家境更加窘迫。贫困的生活磨炼了他的意志，他从小学习刻苦，喜欢读《左氏春秋》《孙子兵法》等书。岳飞曾拜著名枪手陈广为师，学习刀枪武艺，练就了一身武功，成为当时县里无敌手的少年勇士。他不但熟读兵书，还擅长射箭,左右开弓,百发百中。二十岁时投了军。

当金兵南下入侵时,他在开封还是个小将领,经常带领兵士在黄河边习武练兵,有一次赶上对面来了大股金兵,士兵们眼瞧着寡不敌众,掉头就想跑。岳飞一声令喝:"且慢!敌兵多怕什么!他们人生地不熟,哪儿知道我们有多少兵力呢?趁敌人还没有发现我们,正是袭击他们的好机会。"

士兵们一听,觉得有道理,立刻都壮起了胆子,紧跟着岳飞隐蔽起来。当走在前面的金兵将领靠近时,岳飞突然纵马飞似的冲了上去,奋力挥刀砍下了这名金兵将领的脑袋。群龙无首的金兵大惊失色,面对从天而降的宋兵,实在搞不清有多少人马,正慌作一团时,只听得喊声震天的宋军从树丛里挥刀舞剑地冲了出来。此前将士们看到岳飞一马当先、怒斩敌首,顿时士气大增,此时奋不顾身地冲进敌群,以一当十,杀得金兵丢盔弃甲、抱头鼠窜。

这一来,勇敢善战的岳飞出了名。他率领的岳家军不但战斗力强,而且纪律严明。他提出的口号是:"冻死不拆屋,饿死不掳掠。"百姓即使主动开门让他们留宿,士兵们也不会进入。

军纪严明的岳家军,所向披靡,捷报频传。金兵一旦碰上,不是败就是降。不久,在金人当中就流传出一句话:"撼山易,撼岳家军难。"

由于岳飞智勇双全,屡立战功,在他三十二岁那年,从普通将领提升到节度使,同名将韩世忠、刘光世、张俊并驾齐驱,保家卫国。

1140年，金朝撕毁合约，以金兀术为元帅，分兵四路大举进攻，又重新占领了曾经根据议和条例还给南宋的河南、陕西等地，接着又向淮南大举进攻，南宋王朝正面临覆灭的危险。议和不成的宋高宗，此时不得不下诏书，命各路宋军前去抵抗。

岳飞接到命令，率先打下了郾（yǎn）城（今河南省漯河市郾城区南），然后立刻调兵遣将，很快攻入河南中部。几天下来，大败金兵，收复了军事重镇颍昌（今河南省许昌市）、怀宁（今河南省周口市淮阳区），随后又收复了郑州、西京河南（今河南省洛阳市东）等地。

此时，金兀术见岳家军实力分散，又探听到岳飞只带少量军队驻扎在郾城，决定亲率大军直插郾城，企图一举消灭岳家军的指挥中心。

1140年七月八日，岳家军的侦察兵飞报敌情：金兀术统率精锐骑兵一万五千人以及步兵十万，披挂重甲，一路南下，现距郾城只有二十多里路，军情十万火急。

岳飞听了双眉紧蹙，他深知这将是一场从未有过的恶战。他一再盘算着，参加北伐的岳家军总兵力约为十万人左右，但已分为十二路军，分别攻占中原地区的众多要地，一时难以集结在一起。而驻扎在郾城的禁卫军，尽管人数不多，却个个以一当十，是最值得信赖的岳家军精锐。想到这，他眉宇间稍稍舒展了些。

军营大帐里，微闭双眼的岳飞，飞速地在脑海中盘算着：这次参与郾城大战的还有半数游奕军（巡逻兵），大约不过一万几千人的兵力，除去守城部队和火头军、辎重兵等人员外，岳家军实际参战人数比起进犯的金兵，兵力的确悬殊，这将是一场以寡敌众的硬仗。但他坚信，久经沙场的岳家军，一定能经受住这次严峻的考验。想到这，他深深地舒了口气，起身走出帐外去查营。

金兀术深知岳飞的厉害。他这次特意带了所向无敌的骑兵"铁浮图"军团参战。这是经过金兀术专门训练过的一种装甲骑兵，号称刀枪不入。另有"拐子马"兵团，是从侧翼向中间包抄的轻骑兵。有了"铁浮图"和"拐子马"，金兀术有恃无恐，认为有了这支劲旅，一定能够打败岳家军。

当天下午，岳飞看到金军对郾城发起了进攻，他首先命令儿子岳云率领精锐骑兵，出城迎敌。岳云飞身上马，舞动两杆铁锥枪，率部杀入敌阵，双方的骑兵展开了鏖战。大战几十个回合后，岳家军越战越勇，金军反而士气不足，被打得人仰马翻，节节败退。

金兀术眼见骑兵会战失利，忙下令让披挂重铠的"铁浮图"军团投入战斗。"铁浮图"军每三匹马用皮索相连，厚重的铠甲具备极强的攻坚能力，很适于正面冲击。金军企图以严整密集的重装骑兵编队，来击溃对方相对分散的骑兵。

双方一交锋，"铁浮图"果然了得，战斗力的确强大，岳云和将士们一下子显得颇为吃力，伤亡也多了起来。岳飞在城上见了心急如火，立即派出一支特殊的军队增援。

原来久经考验的岳飞，对金军这套骑兵战术早有耳闻，曾经下过一番力气研究，并最终找到了对付"铁浮图"和"拐子马"的方法，这回总算派上了用场。

岳飞派出来的增援队伍，每个士兵都用藤牌护身，手里紧握

宋元故事

麻扎刀和板斧。等"铁浮图"军团冲上来的时候，就立刻弓下身子，专门去砍敌人的马腿。

金兵的战马身上虽然披着盔甲，可是马腿上并没有盔甲保护，结果岳家军每砍断一匹马的马腿，"铁浮图"中相连的另两匹马也被死死绊住，金兵立刻从马上栽了下来。宋军趁机扑杀，然后继续弯腰冲向敌人，伺机剁马腿。

这样一来，"铁浮图"军骑顿时乱作一团。同样，两侧的"拐子马"轻骑兵被岳家军的刀斧手围堵得严严实实，根本派不上用场。岳家军对敌方骑兵采取刀枪并用、连砍带劈的战术，杀得金兵无法进攻，只有招架之势。双方从下午一直战到黄昏，金兵尸横遍野，战马哀鸣。

岳飞见天色已暗，就发动了总攻。在隆隆的战鼓声中，金军的重装骑兵被打得溃不成军，狼狈逃窜。一战下来，岳家军夺得战马数百匹，杀敌不计其数。至此，岳家军以少胜多，大败金兀术统率的金朝主力军团，取得了郾城保卫战的大捷。

金兀术大败后，忍不住哽咽起来："啊呀！自起兵以来，我全靠'铁浮图'打得胜仗啊，想不到今天却栽在了岳飞手上。"他越想越窝火，不但不认输，反而没几天又集结了十二万大军向颍昌扑来。

当时，岳飞的部将杨再兴正在边界巡查，突然遭遇金兀术的大军。虽然杨再兴手下只有两百人，敌众我寡，但他与兵士们却毫不畏惧，奋力与大批金军展开殊死激战，打到最后，打死、打伤上千金兵，但岳家军伤亡也很大，遍体鳞伤的杨再兴身中数十箭，以身殉国。

岳飞听到消息后非常悲痛，命岳云速率骑兵去增援。岳云与部下赶到后，见了金兵不禁怒火中烧，随着一片喊杀声，他们奋不顾身地猛冲进去，怒斩了一大批金兵。金兵望着杀红了眼的岳家军，吓得扔了刀枪扭头就跑，一直跑出十五里外，才气喘吁吁地停了下来。

接着，金兀术与岳飞又在朱仙镇展开决战。当时金兀术号称拥兵十万，而岳飞却仍采取以少胜多的战术，命五百名亲兵率先突袭敌阵，当这批精锐骑兵尖刀似的插到金军的心脏时，金兵一下子乱了阵脚，岳飞乘机率余部发动总攻，一时黄尘遮天蔽日，杀声响彻云霄，战斗越打越激烈。此时，岳飞亲率一队旋风般的禁卫骑士突然闯到阵前，只见他左右开弓，金兵纷纷倒下。将士们看到统帅箭无虚发，顿时群情激奋，士气高昂。

朱仙镇一仗，战败的金兀术只得退守开封。将士们眼见胜利在望，兴奋地邀请岳飞一同来喝庆功酒。岳飞微笑着回答："先不急着庆祝，我们休整几天再向北进攻，等打到金国首都黄龙府的时候，我们再痛痛快快地喝庆功酒吧。"将士们听了心潮澎湃，一个个憋足了劲，发誓要灭了金朝。

第二十五章 秦桧卖国

黄河以北的起义军听说岳家军十分了得,打起仗来就跟天兵天将似的神奇,都兴奋地引以为荣,连连称自己就是岳飞的部队,到处截断金兵的运粮线,瞅准机会打击金军。后来,金军一见到打着岳家军旗号的队伍就闻风丧胆,唯恐避之不及。

金兀术在朱仙镇被岳飞打败,逃到开封后,眼看岳家军又要逼近,就决定渡过黄河向北逃去。这时候有个奸细拦住他的马说:"大王别走了,岳飞很快就会撤兵,您不用害怕。"

金兀术一听感到十分奇怪,连忙问道:"岳飞实在太厉害,我不是他的对手,怎么能说不怕呢?"

那个奸细说:"当今宋朝有批奸臣在,他们根本就不想和金朝交战,一旦岳飞立了功,奸臣们就会提请皇上把他召回去。"

金兀术一听,恍然大悟,马上取消了逃跑计划,继续留在开封。那个奸细说的宋朝奸臣,就是暗通金朝、卖国求荣的秦桧。

秦桧原是北宋的大臣,靖康之变后,金朝把徽、钦二帝和宗室、后妃等三千余人,携文史图籍、宝器法物等前往北方,此时,秦桧和他的妻子王氏也一起被俘到金上京(今黑龙江省哈尔滨市)。生性狡诈、贪生怕死的秦桧到了金国,对金太宗不但百依百顺,而且专心致志地拍起了新主子的马屁,金太宗被拍舒服了,看他比看女真人还顺眼,于是放心大胆地让他当了个军事参谋。

这时,南宋在岳飞、韩世忠等大将坚决主张抗金的声势下,人民抗金的呼声越来越高。金朝深感不好对付,决定把秦桧和王氏尽快放回南宋充当卧底。1130年,金太宗命挞懒领金兵攻打楚州(今江苏省淮安市)时,就把秦桧夫妇秘密地放回了南宋。

秦桧携妻一路跑回了南宋,来到越州(今浙江省绍兴市)高宗的行宫求见皇上,一进大殿就编造了一堆谎话,说自己在楚州如何心系大宋安危,为了早日回国,又如何找准时机杀了金国的看守才逃出来的。当时有不少大臣产生了怀疑,认为路途如此遥远,秦桧怎么还能顺利地带着王氏一起出逃?难道金兵一路没有追捕?

这时,南宋投降派里有个叫范宗尹的宰相站了出来,在高宗面前竭力替秦桧开脱:"陛下尽管放心,秦桧素来能干又可靠,是大宋的人才。陛下若想和金朝讲和,只有秦桧最熟悉金朝内情,这可是用得着的人啊！"高宗一听到讲和，觉得挺合自己的心意，就对秦桧说："你有什么好办法？说来听听。"

秦桧猜透了高宗想讲和的心思，就一脸谄媚地对他说："陛下尽管放心，我在金国虽然度日如年，却对金人了如指掌，深知他们想要什么。为了大宋江山社稷，我有办法让金人和我们和谈。您如果决定讲和，就请看看我代朝廷起草的这份求和信。"

宋高宗听了浑身舒服，认为秦桧太有才了，连怎样同金人和谈都替他想到了，朝廷正缺少这样的人才呀！于是忍不住对大臣们说："大凡忠臣，皆以替朕分忧解难为己任，急君王所急，想君王所想啊！"于是立刻任命秦桧为礼部尚书，不到三个月，又提升他当了副宰相。

秦桧在高宗面前使出了浑身解（xiè）数，让皇上处处觉得他既是忠臣又是谋臣，身边已经缺不了这个心腹了。不到半年工夫，老谋深算的秦桧平步青云，一跃成为宰相兼枢密使，掌控了南宋的军政大权。

秦桧当了宰相，就开始勾结金朝，千方百计排挤主战大臣和抗金将领。他看见岳飞北伐取得了一连串的胜利，正准备直捣黄龙府去救驾二圣时，已经吓得要命。心想：要是金朝一完蛋，自己不但没了后台，万一再露了馅，往后在官场上就别想混了。于是赶紧劝宋高宗把岳飞调回来，并美其名曰："既然准备向金人议和，就不能再出兵破坏两国友善。"宋高宗立刻同意了秦桧的提议。

岳飞在前线焦急地等待着宋高宗的进军诏令，没想到等来的却是皇帝要他退兵的圣旨。岳飞大感不解，立即给朝廷上了一道奏章，说："现在正是恢复中原的大好时机，金兵士气已经丧尽，而我军士气空前高涨，胜利就在眼前，战机绝不可错过。"他请求高宗取消撤兵命令，允许他继续乘胜进军。

秦桧接到岳飞主战的奏章，就想了一条毒计，他命其他将领从淮北前线纷纷撤军，然后对宋高宗说："岳家军已经成了孤军，如果他一意孤行，再不撤军的话，后果不堪设想，陛下您不能坐视不管啊！"这些话说到了宋高宗的心里，于是高宗马上发出紧急金牌，命岳飞撤军。

岳飞从没想过撤军，一直期待着会接到进军的诏令。当他接到第一道退兵的金牌时还在纳闷，可没过多久，第二道同样的金牌又来了。从清晨到傍晚，皇上派来的快马一匹接一匹，一天之内，朝廷竟然发来十二道退兵的金牌。

岳飞悲愤交加，含着泪对左右说："想不到我努力了十年，这下子全给毁了。"高宗的圣旨他不能不从，于是只好下令撤军。

岳飞要撤军的消息传开后，朱仙镇附近的百姓都非常伤心，他们围拢在岳飞身旁，说："您率岳家军来的时候，我们运粮草、顶香盆来迎接宋军，这是金人都知道的事。现在您一走，金人再打过来，我们只有死路一条了。"

岳飞见了眼前这番情景，心痛地流下了眼泪，他无奈地取出一面面金牌对百姓说："我从没想过撤军，但是朝廷不断发来撤军的金牌，我实在不能抗旨啊。"岳飞不忍舍下这些失声痛哭的百姓，就宣布暂缓五天撤兵，等待那些愿意跟随宋军撤退的百姓一起走。五天以后，岳飞护送百姓南下。来到襄阳时，岳飞奏请朝廷，将这些百姓安置在这里垦荒种地，安家落户。

金兀术最害怕的就是岳飞，现在看到岳飞被宋高宗撤回去了，他简直高兴死了，马上又带着兵马来攻打河南。岳飞曾在河南收复的许多州县，结果统统又落到了金人手里。

秦桧和高宗各怀鬼胎，铁了心要向金朝讲和。二人唯恐受到岳飞、韩世忠等抗金将领的阻挠，就任命韩世忠做枢密使，岳飞做副枢密使，名义上升了官，实际上解除了他们的兵权。

1141年十一月，金朝派使者到临安进行谈判议和。谈判的结果是：宋、金地界，东以淮河为界，西以大散关（今陕西省宝鸡市西南）为界；南宋向金朝称臣，每年向金朝进贡银绢各二十五万。史称这次丧权辱国的和约为"绍兴和议"（绍兴是高宗的年号）。岳飞深知在朝中凶多吉少，如今没了兵权，秦桧偏又和他过不去，就向宋高宗提出辞呈，回庐山母亲的墓旁隐居起来。可是金朝并不放心。金兀术派使者给秦桧送来密信，说："你总说盼望两国和好，但宋朝有岳飞在，我们不放心，除非你尽快把岳飞除掉。"

秦桧琢磨了一阵，既然要除掉岳飞，就得再下一剂猛药。于是他找到两个和岳飞不和的将领，指使他们到高宗那里诬告岳飞想造反，这回的状子升了级，不怕皇帝不表态。

宋高宗一听到"造反"两字，哪儿管它真假，立刻下令，按谋反罪逮捕岳飞和岳云。

1141年十月，岳飞父子被押入大理寺大堂。秦桧命他的爪牙

宋元故事

万俟卨（mò qí xiè）审案。

"有人举报你想重新掌控兵权谋反，有这回事吗？"万俟卨恶狠狠地问。

岳飞坦然地回答："我要是想掌控兵权，还会去庐山隐居吗？"

万俟卨又问："有人揭发你给部下将领写信，让他们带兵谋反，这又怎么说？"

岳飞反问道："定罪要有证据，你说的书信在哪儿呢？"

万俟卨蛮横地叫着："哼，书信早被你部下烧掉了。"

岳飞义正词严地说："你们诬告我谋反，又拿不出证据，那凭什么抓我？"他怒火中烧，气得一把脱下上衣，露出伤痕累累的脊背，人们看到他背上赫然刻着"精忠报国"四个字。

心狠手辣的万俟卨为了讨主子的欢心，用尽酷刑折磨岳飞父子，二人尽管被打得遍体鳞伤，却始终毫不屈从。

万俟卨一看来硬的不行，就拿来纸笔让岳飞写供词，岳飞深知自己和儿子被诬陷，仰望苍天，写了八个字："天日昭昭，天日昭昭。"此刻，只有朗朗乾坤才能证明他们是清白的。

审了两个月的冤案，毫无结果。一些朝臣知道岳飞蒙冤，就上书给岳飞求情，结果这些官员也遭到秦桧的贬黜。

抗金老将韩世忠愤怒地去找秦桧讨说法："你们状告岳飞造反，究竟有什么证据？"

秦桧拿不出证据，搪塞着说："造反的事虽然查无实据，不过也是事出有因嘛。"

韩世忠气愤地说："你怎么能这样审案？如何让天下人心服？"

宋元故事

一六七

秦桧恼羞成怒地说："此案自有皇上明鉴，用不着你在这里说三道四。"韩世忠听完憋了一肚子气，拂袖而去。

秦桧虽然拥有皇帝的暗旨，可举国上下，谁不知岳飞是"壮志饥餐胡虏肉，笑谈渴饮匈奴血"（出自岳飞的《满江红》）的抗金将领，一旦杀了岳飞，一定会引起朝野上下和百姓的强烈不满，为此他不敢轻易动手。

秦桧的老婆王氏是个阴毒的女人，见丈夫不敢下手，就数落起来："你这个糟老头子，这点事还决定不下来，什么叫无毒不丈夫？难道你没听说过缚虎容易，纵虎难吗？"

秦桧被王氏的话一激，又想起皇帝的口谕，就立刻写了一张手谕，命狱吏秘密杀害岳飞。1142年正月的一天晚上，岳飞、岳云被处死了。岳飞蒙难时才三十九岁。

第二十六章 诗人陆游

金人得知岳飞被朝廷处死，再也没有了后顾之忧，于是又来攻打南宋。宋高宗前后签了那么多割地赔款的和约，总算是保住了皇位。可是刚踏实没几天，仍然挡不住弱肉强食的金人。这个滥杀忠臣的皇帝仍然当得心累，怎么办呢？高宗一琢磨，干吗不早点享受太上皇的休闲日子？于是干脆宣布退位，让他的侄儿赵昚（shèn）即位，这就是宋孝宗。

宋孝宗还是皇子的时候，和岳飞很聊得来，他知道岳飞死得冤，为此一直挺堵心。1162年登基后，就把秦桧及其奸党赶出了朝廷，并为岳飞父子平了反。人们听到这个消息，终于舒了口气，一致认为宋孝宗做事公正，比前任皇帝公正多了。

即位第二年，雄心勃勃的宋孝宗，很想做一番收复中原的大事业，恨不得把金人抢去的地盘都收回来，于是他起用了一位很有名望的老将张浚（jùn）做枢密使，让他准备北伐的战事。张浚想起了文才出众的编修官陆游，就请他起草一份北伐诏书。

陆游（1125—1210），字务观，号放翁，越州山阴（今浙江省绍兴市）人，南宋著名文学家、史学家、爱国诗人。他小时候目睹了金兵在江南烧杀抢掠，百姓民不聊生的惨境。从此，幼小的陆游就暗暗发誓，一定要把金人赶出国门。

二十九岁那年，陆游参加了两浙地区的科举考试。那时候还是秦桧掌权，秦桧暗示考官，要让他参加考试的孙子秦埙（xūn）得第一名。考官对此反感得很，不买秦桧的账，秉公办事，让成绩优秀的陆游得了第一名，这下把秦桧给气得够呛。

第二年，陆游到京城临安参加考试，秦桧得知后，仗着位高权重，指责陆游的文章里有抗金的字句，有意破坏宋、金两国关系，不但命主考官取消陆游的考试成绩，还威吓说要查办陆游。

陆游不得已只好回到老家绍兴。他利用在家乡的那几年时间，刻苦学习剑术，并从好友那里借来《孙子兵法》，悉心钻研，盼望有朝一日能报效国家。直到秦桧被宋孝宗赶走后，陆游才被朝廷召回做了编修官。这次应张浚邀请，他马上起草北伐诏书，一心希望这次北伐能够马到成功。

担任统帅的张浚尽管一马当先，坚决抗金，无奈手下的两员大将偏偏各自为政，谁也不服谁，等到一方亟待支援的关键时刻，另一方却撂下挑子按兵不动。结果，十三万宋军在符离（安徽省宿州市东北）打了个大败仗。

那些主张求和的大臣，从来对主战派看不顺眼，总想找机会攻击他们。这回得知北伐失败，就抓住机会在朝廷上向他们泼起了脏水，其中一个主和派大臣添油加醋地说："此次兵败，首先是张浚指挥无方，难辞其咎；其次是陆游幕后怂恿张浚，才使得将相不和，扰乱军心。臣认为宋军本应取胜，如今适得其反，这大败的缘由，请陛下明鉴。"一连串的罪名，全扣在了张、陆二人身上。

宋孝宗一听，觉得这个大臣说得挺在理，不然怎么会全军溃败呢？于是把陆游又贬回老家去了。起初一心抗金的宋孝宗，如今在符离战败的阴影下，对于收复中原失去了信心，从此再也不提北伐的事。

第二年，孝宗和南宋的前几任皇上一样，为了保住皇位，与金朝继续签订屈辱的和约。他心安理得地想，有前几位帝王做样板，更有那命丧他乡的二圣垫底，今天我仍坐拥大宋江山，受百官朝拜，歌舞升平，总之，比祖上出息多了！如今为求得朗朗太平，续签一些纸上的玩意儿，不过是顺手拈来的事情。再说，有老祖宗的各类签约为史鉴，今朝无非再舍去一点土地和钱财，实在算不得什么丢人的事。

陆游被罢官后，生活贫困、心情抑郁地在家乡住了三年。1169年，陆游刚过四十五岁，朝廷又派他去四川当了个小官。从山阴到四川，路途遥远，陆游跋山涉水，沿途见识了许多名山大川与风土人情，从此，他对祖国山河的满腔热爱，都寄托在自己的诗篇里，随着不断创作，思路逐渐开阔，题材也更为广泛了。

光阴似箭，一晃又是十年，有个负责川陕一带军事的将领叫王炎，听说陆游很有才气，就请他来汉中做个参谋，也好给自己出出主意。汉中地处抗金前线，陆游心想：大概这回能实现自己抗金卫国的抱负了。

来到汉中后，陆游常骑着马去观察金人占领的地区，他看到金占区里的老百姓冒着生命危险给宋军偷偷送粮，心里很受感动和鼓舞，认为抗金一定大有希望，回来就向王炎拟定了一份详细的作战计划。

他们哪里知道，这时的宋孝宗早已和主和派的大臣们站在一起了，既然与金人签了和约，哪里还敢跟金国作战？一心抗金的陆游，此时哪怕有再多的好主意，也是竹篮打水一场空。

不久，随着王炎被调离，陆游也被调往成都，在四川制置使范成大的部下当个参议官。他与范成大是老朋友，交往中就省略了不少官场礼数。可官场上的人一见，闲话就来了，说陆游放荡不羁，不讲礼节。陆游听了满不在乎，暗暗嗤笑这些庸官，索性给自己起了个"放翁"的别号，后来人们就叫他"陆放翁"。

放翁抗金无门，抱负落空，心中郁闷难耐，只好常常借酒消愁，通过写诗来抒发自己的爱国情怀。

光阴荏苒，一晃又是二三十年，年迈的陆游总希望南宋朝廷有朝一日能起兵收复中原。这期间宋朝先后换了两个皇帝，即宋光宗和宋宁宗，陆游企盼他们能有所作为。结果继任的南宋帝王对于收复国土、洗雪前辱的大事，一概不闻不问，只要能坐上皇位，一切万事大吉。

直到1206年，当朝宰相韩侂胄（tuō zhòu）总算发动了一次北伐，由于准备不足就仓促上阵，又遇朝廷内部矛盾重重，屡屡拖军队后腿，结果仍以失败告终。此后的诸位皇帝，一概完美地遗传着祖宗们的软骨病，再也没有了一点生机和血气。这些人一见了金军，本能地就像老鼠见了猫，除了割地赔款，谋求议和，或驱船躲到海上漂荡着，就再也做不出什么像样的事情了。

1210年，八十五岁的陆游得了大病，他无力地躺在床上，想到残破不堪的大宋江山，仍不忘驱除鞑虏、恢复中原。他怀着悲愤的心情，挣扎着坐起身，写下了最后一首诗《示儿》：

死去元知万事空，但悲不见九州同。

王师北定中原日，家祭无忘告乃翁。

陆游凭借此诗告诉他的子孙们，他这一生中最悲哀的就是没能看到宋朝统一中国，为此提醒他的后辈们，若是看到了平定中原的日子，不要忘记在给他祭祀的时候，把这个好消息告诉他，让他在九泉之下也能够死得瞑目。

故事里的中国历史

一七四

第二十七章 一代天骄

在南宋、西夏逐渐走下坡路的时候，金国内部也滋生了严重的腐败现象。这时候，蒙古草原上的一支生力军正在悄悄崛起，领头的叫铁木真，是蒙古族孛儿只斤部落酋长也速该的儿子。铁木真出生的年代，正是金朝统治者对蒙古族百姓实行残酷统治的时期，人民生活暗无天日。

1146年，蒙古部首领俺巴孩汗被金熙宗以"惩治叛部"的名义钉死在木驴上。蒙古部落联盟曾经组织了多次反抗金朝的斗争，几代先辈前仆后继，为此付出了鲜血与生命的代价。铁木真从小生长在这种被奴役的环境中，对金朝的欺压恨之入骨，少年时就立下壮志，将来一定要剿灭金朝。这一坚定意志，成为他一生中最重要的奋斗目标。

在广袤的蒙古高原上，分布着大大小小的部落联盟，其中最强盛的部落集团，要数漠北中部的克烈部和西部的乃蛮部。这些部落的首领，为了掠夺相邻部落的财富和奴婢，相互之间不断挑衅与争斗。此时，金人想从中渔翁得利，于是不断进行挑唆。为此，各部首领们积怨越来越深，无休止地进行着血腥的厮杀。

1162年铁木真出生，相传他出生的时候，手里紧紧地握着一块凝固的血块，光滑如镜、坚硬似铁。这一奇特现象，在蒙古人看来，预示这个孩子将来会成为举世瞩目的大英雄。当天，孩子的父亲也速该带领部众袭击塔塔尔人（指居住在蒙古高原东部操突厥语的鞑靼人）部落，结果一战取胜，还捕获了两名战将，其中一个叫铁木真。为了纪念这次胜利，也速该就给自己刚出生的儿子起名为铁木真。

铁木真九岁时，父亲也速该替儿子和弘吉剌（là）族人德薛禅的女儿孛（bó）儿帖定了亲，并亲自把铁木真送到了德薛禅家中。也速该在独自回来的路上肚子饿得慌，忽然闻到一股烤羊肉的香味儿飘来，这下肚子叫得更厉害了。往前一看，只见有一批塔塔尔人在草原上举行宴会，他连忙下马向前走去。

也速该生性粗豪，一副饥肠辘辘的样子，几个塔塔尔人见他大步流星地走来，就知道他饿得够呛，于是招呼他入席。他高兴地连忙道了谢，忍不住狼吞虎咽地吃了起来。有个塔塔尔人认出也速该是他们的冤家对头，就偷偷地在他的食物里下了毒。也速该只顾填肚子，哪儿有心思查看周围人，吃完道了声谢，起身就往回走。一路上只觉得肚子疼痛难忍，这才想起刚才一定有人放了毒，可说什么都晚了。他忍着剧痛好不容易赶回家，很快就断了气。

也速该一死，他的属下突然没了首领，就散伙了。原来归附也速该的泰赤乌部一直就想闹独立，这会儿一看正是机会，连忙带走了也速该的许多奴隶和牲畜。这样一来，铁木真一家的日子雪上加霜，一年不如一年。

过了几年后，泰赤乌部逐渐发展壮大起来，他们的首领当初带走了那么多也速该的人畜，担心铁木真长大后会来报复他，于是决定先下手为强，开始带人四处捉拿铁木真，想把他杀死，以防后患。

一天，泰赤乌部的人得知铁木真和弟妹几人在山中游猎，首领就派大队人马去捉拿。铁木真一见被众人围堵，就对自己的弟弟别勒古台说："这帮人是冲我来的，他们人多马快，我们很难逃走，你快带领弟弟妹妹往部落跑，我去把他们引开。"

别勒古台很想留下，听到哥哥再三下令，只好带着弟弟妹妹先逃了。铁木真引着大批追捕的人向相反的山林方向跑去，并一头钻到丛林里。泰赤乌人不敢冒进，只在四周严密围守。铁木真在山林中一躲就是九天九夜，饥渴得快不行了，只好牵马出来，准备溜下山去寻找食物，忽听得一声哨响，他连人带马跌入陷坑，被泰赤乌人捉住了。

此时正逢夏季，依泰赤乌部的惯例，每年要在斡（wò）难河边设宴游乐，这会儿并不想马上杀掉铁木真，只将他戴上木枷关在营帐里，命一小卒看守。铁木真听见远处宴会正在碰杯祝酒，热闹非凡，趁机举起木枷把看守砸晕了，一路逃回家中。

回家后的铁木真，为了防止再次遇袭，就立即带领他的母亲、弟妹连夜躲进深山里，靠吃野果、捕捉山鼠充饥，日子苦不堪言。后来，为了取得弘吉剌族人的支持，铁木真跟自己订婚的孛儿帖结了婚。没想到婚后不久灾难不断，铁木真又遇到了篾儿乞人的袭击，在仓皇出逃时，他的妻子孛儿帖被篾儿乞人掠走了。

接连不断的磨难，使铁木真懂得单凭自己的力量是不能战胜敌人的，只有团结其他部落的首领，再利用敌对部落之间的矛盾，才能壮大自己的力量去对抗敌人。于是，他忍痛将妻子的嫁妆——一件名贵的黑貂裘找了出来，准备献给克烈部的首领王汗。

王汗得知铁木真前来求见，在大帐里高兴地接见了他。铁木真将皮裘呈上，谦卑地说："您老人家与家父历来有深交，见到您就像见到了我父亲一般！今日带来皮裘一件奉献给您老人家，以此略表对您的敬意和孝心。"

王汗听了喜出望外，忍不住盯了一眼皮裘，眉开眼笑地收下了。接着询问铁木真的近况。听完后就坚定地表示："你失散的百姓，我会替你聚拢；那些逃亡的奴隶嘛，我也会替你收拾回来。有我在，你以后就放心吧！"铁木真感动得连连道谢。

为了扩大力量，铁木真又与札答阑部落（今俄罗斯额尔古纳河中游）的酋长札木合结为兄弟。在取得了对方的信任后，双方联合出兵，击败了篾儿乞部，终于救出了铁木真的妻子孛儿帖。

这以后，又通过几次战争，铁木真陆续剿灭了蒙古高原的几个敌对部落，力量变得越来越强大。1189年，才二十八岁的铁木真，被乞颜氏贵族们推举为可汗,成为蒙古乞颜部的首领。

铁木真欣慰地感到,自己开始向心中那个庞大的计划逐渐靠近了,他意识到必须组建一支强有力的军队,才能获取胜利。为此,他从自己的属民和众多奴仆中,精心选拔出一群身强力壮的武士,组建了一支叫作"那可儿"的禁卫军队伍,并以"那可儿"为核心,不断壮大军事力量。至此,铁木真开始在蒙古草原上崭露头角,真正崛起了。

故事里的中国历史

第二十八章 统一蒙古

铁木真时刻不忘杀父仇人，一直在寻找机会向塔塔儿人报仇。没多久，塔塔儿部首领蔑古真把金人给得罪了，金朝派出丞相完颜襄进攻塔塔儿部。铁木真心想，金人虽不是什么好东西，但毕竟给了自己一个复仇的机会。当得知王汗的部队也应邀出战，就立刻与王汗、金兵形成三面联军，把塔塔儿部打得丢盔卸甲，全军覆没。此战缴获了大批辎重和马匹，对方没死的兵将全做了俘虏。

铁木真的力量日益强大，吸引了不少札达兰部的兵士前来归顺。首领札木合眼看着自己的部下纷纷投奔到好友铁木真那里，就生起了闷气。这时他弟弟偏偏又火上浇油，带人偷偷摸摸去抢夺铁木真的马群，不料被铁木真的部下给杀了。这下札木合翻了脸，立刻集结他统辖的十三部三万人马，去攻打铁木真。

虽然双方兵力相当，但札木合有备而来，抢先占据了斡难河边的有利地形，双方展开了一场大战。铁木真见双方弟兄们血染沙场，实在不忍再战，更不想对曾经的老朋友下狠手，于是勒住战马，下令撤退。

札木合一瞧对方撤了兵，以为自己占了上风，于是一狠心把抓来的俘虏，包括不久前跳槽过去的兵士也统统杀了。这下子丢了人心，士兵们不寒而栗，纷纷找机会投奔到铁木真那里去了。这一仗铁木真虽然不忍杀戮而败退下来，可没过多久，兵力却反而增强了。

札木合跑了不少部下，他想起来就怒气冲天，对铁木真更加耿耿于怀。1201年，他召集十三部首领聚会，商讨对付铁木真和王汗的方法。这十三部中，有泰赤乌、弘吉剌等七部，他们是尼伦蒙古人（纯种蒙古人），还有乃蛮、塔塔儿、蔑儿乞等六部，他们眼瞧着铁木真一天天壮大起来，心里很不是滋味儿，都想趁机灭了他。

十三部的首领一致推选札木合为"古儿汗"（蒙古初兴时，各部称共同拥戴的盟主为古儿汗），然后杀"五畜"，共同发誓与铁木真战斗到底！铁木真和王汗得知后，做好了充分的战斗准备，率各部将士沿着克鲁伦河进发，途经一个叫阔亦田的地方，双方展开了激战。

浩浩荡荡的十三部联军，虽然各部都比较强悍，可这回临时拼凑在一起，谁也不服谁。这样一来，不免组织涣散，无法密切配合，难以发挥出联盟军队应有的战斗力。而王汗和铁木真的联军，队列整齐，军纪严明，如同两把大铁锤，指到哪里，打到哪里。

在一个风雪交加的寒冬，王汗和铁木真趁对方士兵躲在帐篷里避寒，就立刻出击，十三部联军缺乏统一指挥，结果纷纷败退，四下逃窜。札木合被王汗部下追得走投无路，只好归降了王汗。

经过阔亦田大战，原有的外患大多被消灭，尽管蒙古高原东部散落的部族依旧林立，却再也没有一个部族敢在铁木真面前挑衅。札木合被俘以后，原在蒙古东部和呼伦贝尔草原上的势力也渐渐销声匿迹。此时，唯一剩存的是塔塔儿人的残余势力。铁木真一想起父亲的死，牙齿就咬得咯咯响。

1202年的秋天，铁木真决定再次复仇。为了速战速决，他禁止兵士掠夺财物，全部轻装上阵。此刻的塔塔儿人经过上次联军的一记重锤，已是日薄西山，苟延残喘。铁木真探得消息，立即率部杀气腾腾地冲了过去，塔塔儿人很快就没了底气，不战而降。面对屡战屡胜的铁木真，余下的各部落首领感到心有余悸，人人自危。

岁月如梭，一转眼铁木真的长子术（zhú）赤已经成年，铁木真为儿子向王汗的孙女求婚，没想到王汗父子并没把铁木真放在眼里，只是敷衍地对他说："小女尚年幼，实不宜出嫁。贵公子若亟待成亲，不妨另寻门户。"铁木真碰了个软钉子，内心深感受辱，下决心再也不做王汗的臣子。

这件事被札木合知道了，他立即从中挑拨，对王汗说："铁木真早就想背叛您,他私下与您的敌人太阳汗已有信件往来,我怕您生气,一直没敢告诉您。"

王汗起初不信,但禁不住札木合百般挑拨,最终听信了他的谗言。两人定下毒计,派人告诉铁木真,说王汗已回心转意,答应了铁木真的求婚,请他来吃定亲筵席。铁木真信以为真,立刻带着随从去赴宴。结果行到半路上,他的马突然停住不走了,还一个劲儿地晃动马背,总想把主人掀下来。

铁木真感到事情蹊跷,心中生出一种不祥的兆头,一琢磨,就对前来接应的使者说:"看来我的马累了,等它休息好了再去吧。"他打发走使者后正打算返回,刚一掉过马头,说也奇怪,就见这匹马立刻飞奔起来,很快返回了驻地,铁木真这才奇迹般逃过了一劫。

札木合不死心,一计未成又生一计。他建议王汗趁铁木真毫无防备时去袭击。恰巧,他的话被王汗的一个侍卫听得真切,他回家立即告诉了自己的妻子,而他的妻子正是从铁木真部落里嫁过来的。她立刻飞马传口信儿,及时向铁木真通报了消息。

铁木真听完叹了口气,不得不放弃辎重,以轻骑来迎战克烈部的王汗大军。就在合兰真沙陀的草原上,双方刀光剑影,战马嘶鸣,一时难分高下。一个时辰下来,实力雄厚的克烈部仍然兵多将广,铁木真的蒙古骑兵反倒略逊一筹。当夜幕降临的时候,铁木真为了保存实力,率部队悄悄地从战场上撤走了。

合兰真沙陀大战后,铁木真的骑兵们元气大伤,只剩下两千多人,铁木真只好偃旗息鼓。王汗虽然重创了铁木真,没想到却被生性多疑、见利忘义的札木合在内部发动了叛乱，给克烈部造成了沉重的打击。

1203年的秋天，经过整顿、恢复元气后的铁木真，从班朱尼河进军斡难河。一天，他探知王汗正在酒席上开怀畅饮，就率军秘密包围了他们的驻地，等对方酒过三巡，突然发起进攻。王汗那帮人也真扛得住打，双方整整激战了两天，铁木真终于以少胜多，击溃了王汗的主力，王汗只好带着残兵仓促逃命。

乃蛮部的太阳汗得知王汗被剿，惊得他急忙纠集札木合余部和泰赤乌、蔑儿乞等残部，共同进攻铁木真。1204年春，铁木真率大军与太阳汗决战于蒙古中部的杭海岭附近，面对锐不可当的铁木真骑兵，乃蛮部联军大败，太阳汗受了重伤，被俘后死去。铁木真乘胜追击残余的贵族势力和蔑儿乞等余部，最后相继征服了这些部落。

在这场战争中，一心想杀死铁木真的札木合，没想到被自己身边叛变的随从给捆了个结实，送到铁木真的大帐里。不料铁木真却没饶过那几个卖主求荣的随从，当着札木合的面处死了他们。然后含着泪从怀里掏出了当年与札木合结拜兄弟时的信物——一副小弓箭，默默地还给了札木合。

札木合低着头接了过来，同时把一个滚圆的石弹也掏出来还给了铁木真。铁木真对他说："札木合安答，我杀了你的随从为你报了仇。可是你一直要除掉我而后快，今天只好与你了断这份情义，若不杀你就无法向那些被你滥杀的俘虏们交代。"

一旁的将士们都鄙夷地瞪着札木合，其中有几个曾经被札木

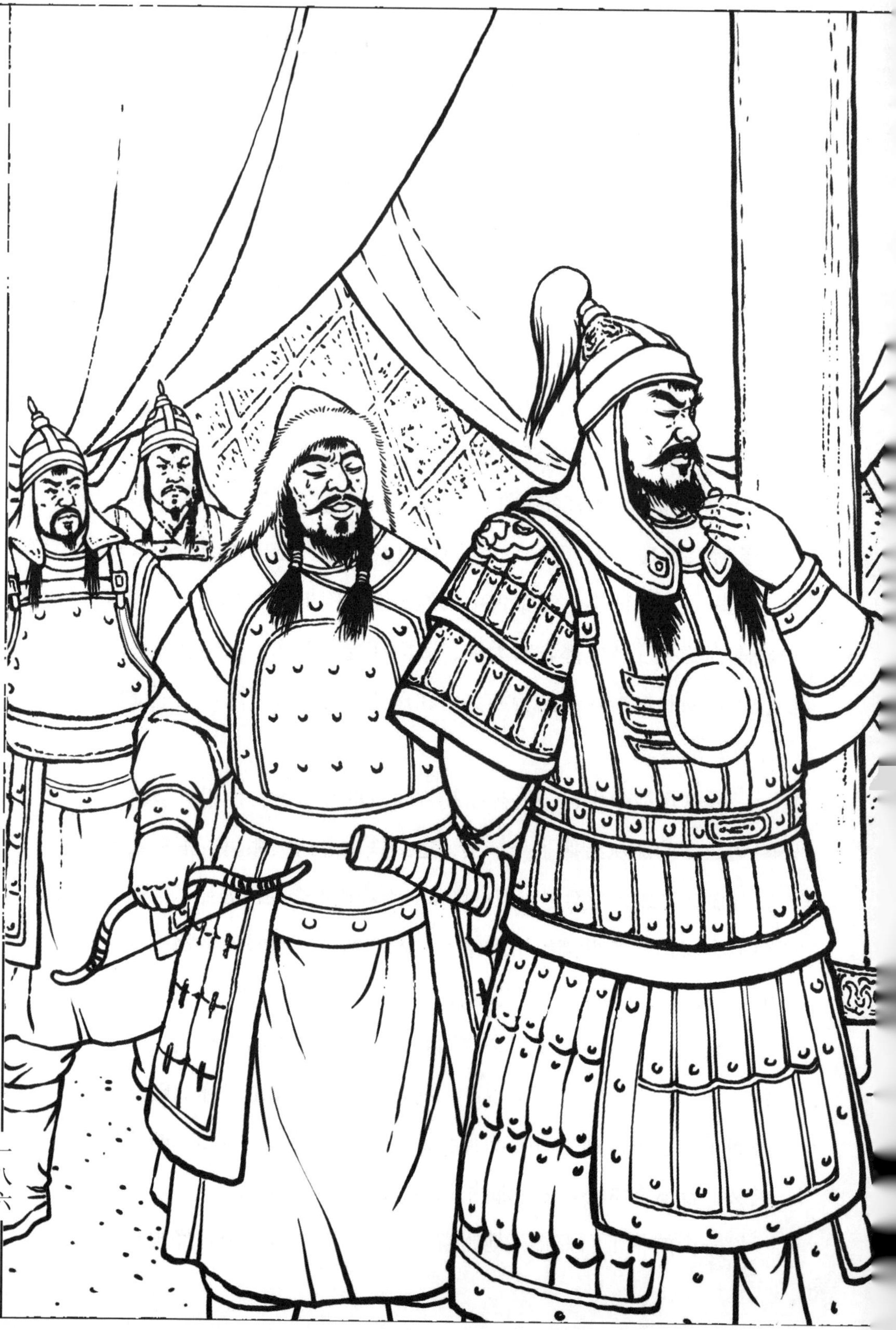

合俘虏的人，要不是侥幸逃了出来，早就死在他手里了。此时他们怒目圆睁，恨不得立刻杀了他。札木合绝望地垂下了头，长叹道："报应啊！"他因为嫉妒而起杀心，最终把自己送上了断头台。

至此，西起斡难河上游，东至大兴安岭以西的蒙古高原，都已被铁木真控制。1206年，蒙古各部落首领在斡难河边举行了盛大的集会，一致推举铁木真做全蒙古的大汗，称"成吉思汗"（蒙古语"海洋"或"强大"之意）。成吉思汗统一蒙古后，结束了蒙古高原部落之间虎豹相争的混乱局面，将散漫敌对的部落统一起来，结成了一个强大的民族。从此，蒙古社会从动荡走向了安宁，为后来的发展创造了有利条件。

第二十九章 金、西夏没落

成吉思汗统一蒙古后，马上把剑指向了金朝。要消灭金朝，就必须切断金夏联盟，因此西夏成为他进攻的首要目标。

1205年夏，蒙古军以西夏收容了王汗的儿子桑昆为借口，向西夏要人。西夏根本没有这个人，怎么交得出来呢？成吉思汗才不管这些，带领大军浩浩荡荡地向西夏攻来，很快攻下了西夏的力吉里寨（今宁夏回族自治区中卫市）。由于天气燥热，士兵无心恋战，抢了些东西就退回去了。

1206年，西夏国内发生政变，李安全篡位，称西夏襄宗。次年，成吉思汗又率大军朝西夏的兀剌（wù là）海城（今内蒙古自治区乌拉特后旗西南的狼山隘口）奔来。

攻城之前，蒙古军向城里人喊话："你们要是胆敢抵抗，破城之后就屠城。"可是，兀剌海城的军民不但没有被蒙古人吓倒，反而进行了顽强的抵抗。蒙古军攻了四十多天也没攻下该城。

成吉思汗一琢磨，决定改用火攻。他对城上的西夏将领说："只要你们交出上千只猫和一万只燕子，我们就立即撤兵。"

西夏将领们听了感到惊奇不已，不知铁木真葫芦里卖的什么药。这时，兀剌海城的军民都盼着能早日停战，既然索要这些小动物，给他们就是了。于是，逮了大量的猫和燕子交给了蒙古人。

西夏人哪里知道，成吉思汗得到这些猫和燕子后，就在它们的尾巴上捆上浇了油的麻絮，点上火再把它们全放了。受到惊吓的小燕子呼啦啦地都飞回城中的屋檐下，那些猫也都疯了似的跑回主人家中。这些动物飞跑到哪里，哪里就着起火来。城里人见了惊恐万分，害怕房子着火，手忙脚乱地捕杀这些动物。

可是燕子和猫太多了，城里人眼巴巴地看着它们到处传播火种。没过多久，兀剌海城到处着起火来。这时，成吉思汗下令发起攻击。在熊熊烈火下，兀剌海城很快被蒙古军攻了下来。攻下城后的蒙古军担心引火烧身，骑马绕了一大圈，熟悉了一下地形，抢了些东西又退了回去。

不久，成吉思汗带着骑兵又来了，这次蒙古军一直打到了中兴府（今宁夏回族自治区银川市老城）。西夏襄宗一看快抵挡不住了，连忙派人向成吉思汗求和，答应把自己的女儿嫁给成吉思汗，并保证每年进贡给蒙古金银和马匹，成吉思汗这才退了回去。

1208年的深秋，对诸王疑心很重的金章宗，决定让祖父金世

故事里的中国历史

一九〇

宗的第七子、自己的小叔叔永济兼任武定军节度使，掌控兵权。不久，为了对宗室起到约束作用，又封他为王傅府尉官。到了这个火候，永济已成为金章宗身边最亲近的人了。

金章宗在选皇位的接班人时，考虑到自己的皇儿还未出世，于是密召永济到内廷，说："朕登天后由你即位，将来这两个未出世的皇儿，若有一男孩儿，当立为太子，若都是男娃，就选其一，以保证我的子孙永掌皇权。"永济听了心领神会，信誓旦旦地承诺了一番。于是，永济成了皇位继承人。

1208年十一月，金章宗驾崩，完颜永济在元妃李氏、宦官李新喜、平章政事完颜匡的安排下，即位称帝，成为金朝第七位皇帝卫绍王。他自幼懦弱，平庸无能，遇事优柔寡断，更谈不上有什么治国才能。只是在世宗、章宗和朝臣面前，总表现出一副老成持重的样子，居然把君臣上下都蒙蔽了。

1211年，成吉思汗决定对金国展开大举进攻，这是多年来在他心中复仇之火的喷发，也是蒙古人一百多年来受尽压迫后的反抗与崛起。成吉思汗亲自挑选了数千名精锐骑兵，一路向中都（今北京市）南下，沿途遇到金将胡沙虎的抵抗，尽管金兵数倍于蒙古兵，却被锐不可当的蒙古军团打得落花流水。

成吉思汗和他的儿子们兵分几路，边打边进入了河北平原。两年以后，蒙古军队再次打进了居庸关，形成了围攻金中都的局面。

由于卫绍王忠奸不分，宠信奸臣，最终导致了杀身之祸。1213年八月，蒙古军再次逼近中都，右副元帅胡沙虎起兵叛乱，毒杀了卫绍王，然后将他追废为东海郡侯。

成吉思汗从属下探得了这件事，松了口气说："我原以为金国到处都是人才，当皇帝的个个是英雄，哪儿知道还有这样的怂包？看来攻打他们，也算不得什么难事。"

这时候，金朝上下人人自危，朝臣们也都成了惊弓之鸟，谁都没了主意。新继位的金宣宗，生性胆小，面对攻城的蒙古大军，终日战战兢兢，生怕被活捉了去。

1214年三月，金宣宗担心守不住金中都城，就派人向蒙古军求和。中都城高壕深，易守难攻，成吉思汗对蒙古骑兵历来擅长野战非常自信，却没想到攻打城池反而成了自身的短处。一筹莫展时，正巧遇上金人来求和，索性就坡下驴，就此休战，趁机整顿一下军队。于是，他不但马上答应下来，还趁机敲了一把金人的竹杠。

此时的金宣宗一心保命，明知对方在敲竹杠，却不敢有半分执拗，乖乖地按照铁木真的要求，先把上一代金主完颜永济的女儿岐国公主送上，外加童男童女各五百人，以及大批金银财宝和马匹，这才达成和议。他唯恐蒙古军事后变卦，动不动再加码，立即派丞相完颜承晖一路护送，让蒙古兵团风风光光地回到了草原。

金朝自1214年迁都开封后，朝廷上人浮于事的现象蔚然成风，每当商议起国事，群臣都比试着谁更能敷衍了事、更能够躲闪腾挪，那才叫本事。一旦当宰相的要众臣们表个态时，一些老臣就会煞有介事地说："天子圣心正处忧困，岂可进谏扰乱朕体？"

此时主持会议的宰相，也会不失风度地低言缓语："那好吧，就此休会，下次再详细讨论。"于是天下太平，大家安然散去。

第三十章 西夏灭亡

在蒙古人的进攻下，西夏疲于连年应战，军心涣散，朝廷腐败。西夏襄宗却无心治理朝政，沉湎于酒色。此时，国内经济严重下滑，百姓生活十分贫困。1211年，齐王李遵顼（xū）发动宫廷政变，废了西夏襄宗，自立为帝，即西夏神宗，史称"状元皇帝"。他深知蒙古强大，就想借助蒙古人的力量来攻打金朝。可蒙古人对西夏从来就没好气，这会儿更不会被他们利用。

这时为了与西域发展商贸，增强经济实力，成吉思汗派遣了一支蒙古商队，一路赶往三千多公里外的中亚西部，寻求一个开展双边贸易的途径。在经过花剌子模王国（今乌兹别克斯坦及土库曼斯坦两国的交界处）的边境时，这支商队不幸遭到了当地守将的屠杀。

铁木真得知后，强忍下心中怒火，为了打通贸易往来，又继续派了一个使团前往。对上次团队遭遇的惨案，强烈要求对方赔礼道歉，并保证不再发生类似事件。没想到这第二拨使团，居然被对方国王杀掉了一半，另一半被屈辱地剃掉了胡子驱逐回国。这下可把铁木真气炸了。面对无端的暴虐杀戮，为了蒙古国的尊严和打通商贸通道，铁木真只好先放下对金国的讨伐，率军西征。

1223年，成吉思汗西征时，西夏献宗李德旺不想再依附蒙古，于是率军反叛。这时蒙古名将木华黎已死，他儿子孛鲁得到消息后，率军从华北进攻西夏。

1224年九月，孛鲁攻破银州，消灭了西夏数万军队，并再次屠城。西夏献宗见反抗无力，一抹脸，只好委身再次向蒙古人称臣。当蒙古军退去后，西夏跟变色龙似的，扭过脸来又与金朝修好，甚至称兄道弟，结为友好邦国，共同对付蒙古。成吉思汗得知后，一怒之下，不顾西征行军劳累，亲率十万大军进攻西夏。

出征西夏之前，成吉思汗在一次郊野狩猎时，不慎从马背上摔了下来，由于摔得较重，伤口感染后又引发了高烧，于是进攻西夏的计划只好暂缓。

成吉思汗在养伤期间，一想起西夏就来气，眼下打不成了，就派了个使者去西夏劝降。西夏献宗一见蒙古使者，吓得又不敢说话了。他手下的大将阿沙敢不倒是条硬汉，在一旁见献宗怂成这样，气愤地对使者说："要打仗，我在贺兰山下恭候；要金银财宝嘛，呵呵，也不问问我的宝刀答不答应！"阿沙敢不的这番言辞，惹得成吉思汗勃然大怒，他顾不得伤痛，抱病率军亲征。

1226年二月，蒙古军分两路进攻西夏。成吉思汗率军从东路进攻，于三月攻陷了西夏重镇黑水城，接着打到了贺兰山下。阿沙敢不果然是条铁骨铮铮的汉子，在贺兰山下等着蒙古兵的到来。两军大战一场，西夏兵寡不敌众，蒙古军俘虏了阿沙敢不，一举获胜。成吉思汗乘胜一直打到灵州（今宁夏回族自治区灵武市西南）。

西路方面，蒙古军在大将速不台的率领下，一路势如破竹，先后占领了沙州、肃州、甘州等地。这时，四十五岁的西夏献宗被吓得惊恐万状而猝死。帝位由献宗的近亲李睍（xiàn）继承。当年立冬过后，蒙古东西两路大军会合，包围了灵州。西夏赶忙派出最后一名使节前往金朝，请求金人出军，派出将领协助指挥一支西夏军队向西南方向的灵州开拔，以解围困。

这时，成吉思汗刚刚渡过封冻的黄河，就碰上了前来增援解围的西夏部队，两军在冰天雪地里展开了战斗。西夏军队拼死抵抗，进行最后的一搏，尽管杀死了许多蒙古兵，但还是打不过骁勇善战的蒙古骑兵。由于双方实力悬殊，大部分西夏兵被蒙古军杀死。从此，西夏元气大伤，失去了昔日的战斗力。成吉思汗攻下灵州后，将营帐扎在了盐州川（今陕西省榆林市定边县）。

1227年元月，蒙古军再次包围了中兴府，由成吉思汗最得力的两个儿子窝阔台和拖雷亲自领兵攻打。成吉思汗率领一支队伍转而向南，再次渡过黄河一路往西，经临洮（táo，今甘肃省定西市，是黄河源头之一）向积石州（今青海省循化撒拉族自治县）挺进。

1227年春，成吉思汗率军横扫临洮，征服了临洮大部分地区。此后，在六盘山（地处宁夏南部的黄土高原上）停下来歇息。面对西夏人寸土必争的顽强抵抗，成吉思汗感到精疲力竭。一筹莫展的他，只好让队伍先在六盘山休整，同时派人前往中兴府劝降，但遭到西夏末代统治者李晛的拒绝。

同年六月，发生了一件对西夏来说是灭顶之灾的大难——西夏境内发生了强烈地震，中兴府也受到严重破坏。瞬间的灾情，使西夏落到了山穷水尽的地步。

西夏王李晛不得不向成吉思汗投降，只是一再要求推迟一个月时间，他说："为了备齐贡品和安置国内灾民，请看在上天的份上，宽限一个月吧，到时候我亲自去拜见您。"李晛想借此拖延一些时日，看看这期间还有什么回天之术。

只可惜西夏王李晛最终也没有等到奇迹，只得向蒙古跪拜投降。至此，这个历史上被世人看作有着天书一般神秘文字的国度、存在了一百九十六年的党项族王朝，灭亡了。

第三十一章 天骄之死

　　就在西夏国灭亡前夕，由于连年征战，成吉思汗积劳成疾，终于病倒在六盘山下。年迈的他再也无力应付眼前的戎马生涯。进入夏季以后，成吉思汗的旧伤复发，病情一天比一天严重，眼看活不了几天了。

　　病床上的成吉思汗，开始认真思考两件大事：一是选定汗位继承人；二是教他们如何治理国家，完成自己的事业。于是，他把窝阔台、拖雷和其他儿子叫到身边，对他们说："我的病恐怕是治不好了。你们当中必须有一个人来继承汗位，以此延续这个宝座上的荣耀。若是你们互不相让、都想当大汗的话，就会落得'一头蛇和多头蛇'故事里那条多头蛇的下场。"

这个"一头蛇和多头蛇"的故事，是成吉思汗曾经对儿子们讲述过的一则寓言：在一个大雪纷飞、北风呼啸的夜晚，一条多头蛇为了取暖，想钻进一个小地洞里去。可是这条蛇身上的每一个头都想先钻进去，互不相让地争斗了一夜。到头来这条多头蛇竟冻死在洞口。而另一条一头蛇却很顺利地爬进洞里，度过了严冬。成吉思汗用这个寓言故事来警示他的儿子们，做事要齐心协力，万不可窝里斗。

窝阔台等人听了父亲的话，都伏在地上说："我们一定听从您的教诲和嘱咐。"

成吉思汗欣慰地笑了笑说："很好。我想你们都愿意过幸福的生活，享受自身的权力和荣华富贵，既然明白这个道理，就应该拥护你们中间既足智多谋，又有雄才大略的人。我想让他统率全军和百姓，立他为我的继承人。你们大概猜到是谁了吧？"

话音刚落，他的儿子们不约而同地望向窝阔台，异口同声地说："父王所言极是，我们一定遵循您的旨意。"

成吉思汗接着说："嗯，选窝阔台继承汗位，我是经过深思熟虑的，既然你们没有意见，那就好。相信你们说的都是真心话，但必须立下文书，我死后，你们要尽心尽力辅佐新即位的大汗窝阔台，他既是你们的亲兄弟，又是你们的首领。在我面前立下的承诺，不可更改，也不可篡改我的法令。"

众弟兄遵照老爹的遗训，当即立下了拥护窝阔台继承汗位的文书。落实了这件事，成吉思汗心中的石头总算落了地，他心里一放松，病情反而愈来愈重了。骄阳似火的"秋老虎"，烤得六盘山下瘴气升腾，闷热难耐，使成吉思汗憋得喘不过气来。临终时，他把擅长作战的四儿子拖雷和大将们叫到身边，向他们和盘托出了自己思考已久的灭金计划。大伙含着泪跪在床前听候吩咐。

成吉思汗微闭双眼，缓缓地说："最后要提醒你们的是：金朝的主力都驻防在潼关，那里南据华山，北靠大河，难以正面攻破。宋、金两国历来有仇，你们只有向南宋借道，再从金人占据的重镇邓州切入，然后……"

说到这里，他顿了顿，继续嘶哑着声音说："然后出兵直捣开封。潼关数十万金兵，必然前去驰援，经数百里行军，届时人困马乏，你们伺机可一战击溃他们，开封即可攻破。"

说完这段话，成吉思汗已经上气不接下气，声音变得越来越小了："我死后，要暂时封锁消息，务必将西夏、金朝国王及其族人全部杀掉。"说完终于咽了气，卒年六十八岁。

1227年，成吉思汗病逝。回顾古代雄主，如马其顿王国的亚历山大三世、"欧洲之父"法兰克王国的查理大帝，一旦身死，由他们处心积虑营造的庞大帝国随即土崩瓦解。而成吉思汗的逝世，对成长中的蒙古国，却没有发生分崩离析的现象。这一奇迹有赖于成吉思汗卓越的组织才能。

成吉思汗的正妻孛儿帖生有四个儿子：长子术赤、次子察合台、三子窝阔台、四子拖雷。拖雷少年时就和三个哥哥一样，随父亲南征北伐，为蒙古国的建立立下了汗马功劳，成为成吉思汗最宠爱的小儿子。

蒙古人历来有"幼子守灶"的习俗，托雷作为幼子，按祖制

故事里的中国历史

有着天然的继承权，但成吉思汗临终时，却把汗位传给了他的三儿子窝阔台，引起了大臣们的不同意见。

由于窝阔台身经百战，经历过多次惨烈战役的磨炼，已经成为一位骁勇善战、足智多谋的将领。而他的治国才能也在其他兄弟之上。成吉思汗深知三儿子的能耐比他最疼爱的小儿子更为突出，并深信窝阔台继位后，有能力将兄弟们团结在一起，使蒙古国更加强大。

成吉思汗虽然留下了临终遗言，但基于祖制，还需要全蒙古部落召开库里台大会，由贵族们一致拥戴，大汗之位才能够确定。在大汗选出之前，贵族们决定仍由幼子拖雷监国（监管国事），并遵守成吉思汗的遗愿确立的分配方案：长子术赤分封在钦察汗国，次子察合台分封在察合台汗国，三子窝阔台分封在新疆大部与蒙古西部，称窝阔台汗国，三个儿子各分得蒙古部四千户居民，其余蒙古部落居民和占领的金国大部，以及十万骁勇的蒙古军队都归四儿子拖雷掌控。

成吉思汗很清楚自己没有遵循部落的传位习俗，对拖雷是不公平的。为了做些补偿，曾经承诺将绝大多数财产分给拖雷。在拖雷监国时期，他得到了长兄术赤的支持，将库里台大会的召开推迟了两年。在这两年中，拖雷总管着蒙古国的军政大权。

1229年秋，长兄术赤病死了，次子察合台开始全力支持窝阔台，要求召开库里台大会。于是拖雷主持召开了由蒙古宗王、贵族和执政大臣参加的大会，推选新的大汗。虽然成吉思汗生前指定窝阔台为继承人，但宫廷内一些宗王和贵族仍然恪守旧制，主张立幼子拖雷，反对成吉思汗的遗命。大会讨论了四十多天，由于各持己见，没能得出一致意见。

这时，作为成吉思汗谋士的耶律楚材发挥了重要作用，他私下找到拖雷，循循善诱地讲述了国不可一日无君的道理，通过对当前形势的分析，指出蒙古眼下亟待确立大汗，希望拖雷以大局为重，尽早放弃对汗位的争夺。

拖雷经过一番慎重考虑，觉得再这样拖下去，于国于民都不利，自己也会被人们认为是在明争暗夺这个汗位，再说也有违先父的遗愿。想到这儿，拖雷明确地向耶律楚材表示，愿意接受先父的遗命，并在库里台大会上公开推举三哥窝阔台继承汗位。至此，坐了两年冷板凳的窝阔台，终于被二哥察合台、弟弟拖雷一起扶上了蒙古国的大汗宝座。窝阔台继任大汗后，遵照成吉思汗的遗愿，继续向金人开战。

第三十二章 金朝覆灭

在成吉思汗病逝的前几年,金宣宗和宋宁宗先后得病驾崩。金宣宗死后,金朝第九位皇帝金哀宗完颜守绪即位,他和宋朝新即位的宋理宗一样昏庸无能。

继承汗位的窝阔台,看到金朝日趋衰败,就开始兴兵讨伐。金哀宗自知打不过蒙古人,就派人向宋理宗求救,说:"如果金朝被灭了,蒙古下一步就一定会攻打宋朝,这唇亡齿寒的道理您一定明白。如果我们一起对付蒙古,对咱们两国都有好处。"众臣乍一听,觉得还挺在理的。

宋理宗一听就没好气,他想起多年来金朝抢了宋朝那么多地盘和钱财,心里憋得直冒火,压根儿就没搭理金哀宗的请求,反而和蒙古联合起来，打算灭掉金朝。

金哀宗走投无路，只好亲自带兵和蒙古军作战。这时候的金军已经不堪一击。蒙古军在此时发动了总攻，在这次会战中，拖雷按照父亲的嘱托，同速不台将军亲率右路军，从南宋境内借道，沿汉水而下，直奔均州（今河南省禹州市）。

1232年正月，蒙古军一进入五朵山（今河南镇平县西北九十里处），就在战术上对金军采取袭扰、堵截，做到攻中有防、防中有攻，见敌人驻扎就骚扰，见金军跑路就围追，使金兵连日处于饥饿疲劳、不得食宿的困境。为此，金兵的士气变得越来越低下。

在战略上，拖雷同速不台采取了大迂回，抓住一切战机，深入敌军后方，直逼开封。同时运用围困突袭、分段切割等灵活战术来诱歼敌人，以不足五万的兵力，像一把锐利的尖刀，直插金朝的腹部，成为重创金军的主要力量。在这次持续二十六天的大会战中，金朝的主要大臣和名将被剿杀殆尽，二十万精锐主力被全歼，蒙古军取得了灭金战役的决定性胜利，金朝危在旦夕。

就在金军被困三峰山的时候，有谋士劝拖雷说："将军一路所向披靡，功不可没，眼看胜利指日可待。但窝阔台大军至今仍在途中，未能如期而至。将军不妨放缓进军，待大汗到来再一同进攻，让大汗也能享受一番灭敌的快慰，岂不皆大欢喜？"

拖雷出于作战的考虑，坚持速战速决，他严肃地说："军机不可贻误，若是等大汗驾到，就给了金兵喘息的机会，届时我方的伤亡肯定会加重。机不可失，我们要尽量减少伤亡来夺取最大的胜利。"紧接着，激烈的战斗打响了，拖雷身先士卒，率部以横扫三峰山的态势，围歼了金军主力。这样一来，开封就成了指日可破的孤城。随后，拖雷率部下同刚刚赶来的窝阔台队伍一道返回大草原整顿，补充粮饷。

由于蒙古人多年来对金朝的切齿痛恨，以致灭金的重大意义已经远远胜过任何一次西征。窝阔台姗姗来迟，看到拖雷已取得了灭金的决定性胜利，他暗自皱了皱眉头，马上又称赞拖雷这一仗打得好！但在心里头却十分忌惮，甚至感到一股莫名的恐惧。

接着发生了一件离奇的事件，窝阔台汗突然暴病，请来巫师除凶。巫师煞有介事地对众人说："大汗今遇冤魂索命，危在旦夕，只有亲人喝下咒水替他去除灾祸，大汗才有救。"

这时候只有拖雷守护在窝阔台身旁，他看到大汗病情危重，心急如焚，忍不住起身走到帐外，仰望着长天祈祷："伟大的长生天啊，我虽杀敌无数，完成了先父的遗愿，可如今却有千万冤魂来索命。唉，其实那个血债累累、杀孽深重的人就是我呀！长生天如要惩罚，那就惩罚我吧，我愿替大汗一死。"

以情为重的拖雷，决心为兄长赴死。一回到帐内，就心甘情愿地喝下了巫师作法后的一盆咒水。没几天，拖雷由于体内毒性爆发，猝死在自己的营帐内，卒年四十岁。

而此时的金哀宗则如坐针毡，索性天天和嫔妃们聚在一起，以泪洗面。他觉得这么等死还不如趁早自杀呢，刚打算自尽，又被大臣们给救了。最后，金哀宗实在没招儿了，只好派人向蒙古军求和，但蒙古人说除了受降，没有求和余地。金哀宗只好带着身边的臣子往蔡州(今河南省驻马店市新蔡县)逃跑。

由于金哀宗走得急,爬上一辆破马车就上了道,途中偏偏又遇上大雨,所有人只好冒雨行走,一路上靠吃野果充饥。走了大半个月,才到了蔡州。这半个月,蒙古人和宋朝可没闲着,一直在商量灭金的事,只不过还没有动手。金哀宗和他的臣子以为又能过上太平日子了,高兴地把城里的粮食和酒肉都拿了出来,狼吞虎咽地吃了个痛快。

1233年十一月,蒙古军和宋军达成了联合作战协议,联军把蔡州围了个水泄不通。城内已快断粮,金军守城更困难了。

1234年正月,蔡州被围困了三个月,末了城中粮尽。初九那天夜里,金哀宗深知亡国的日子降临,就召集身边的大臣说:"我在位十年,从没做过恶事,死而无憾。遗憾的是,祖宗的江山传到我手里就丢了,自古以来亡国君主都是暴虐之徒,为此,我耿耿于怀!"大臣们听后,深感末日来临,一个个潸然泪下。

停了一会儿,金哀宗接着说:"自古没有不亡的国家,亡国的君主或沦为阶下囚,或受辱被囚致死。朕决心抵御到最后一刻!"就在金哀宗打算拼命的时候,炮军总帅王锐突然在窝里造起了反,杀害了元帅夹谷当哥,随后带领三十个亲信投降了蒙古军。金哀宗顾不上生气,打算乘夜突围,却被联军设置的鹿角栅栏阻挡住,尽管拼命厮杀,也根本冲不出去,只得再返回城中。

回城后的金哀宗马上下诏,禅位给东面元帅完颜承麟,完颜承麟执意推却,金哀宗只好苦苦哀求,说:"朕把江山社稷托付给你,这也是迫不得已啊。朕身体肥胖,不能驰骋疆场作战,为了延续国运,望你万勿推辞!"说完,就把自己头上的皇冠摘下

宋元故事

二〇七

来给完颜承麟戴上，又把龙袍脱下来给他披上，算是完成了皇位的传承。接着，他一个人跑到后宫里上吊自杀了，年仅三十七岁。

正月里，完颜承麟刚当上金朝的最后一位皇帝，还没来得及在龙椅上坐一会儿，蒙古和宋朝的联军就把蔡州攻破了。完颜承麟只好带着金军与联军展开巷战，企盼能杀出一条血路。可是联军人数实在太多，完颜承麟怎么也冲不出包围圈。最后，当了不足一个时辰的金末帝，就和将士们在巷战中纷纷殉国，成为史上在位时间最短的帝王。金朝立国一百二十年，就此灭亡了。

宋蒙联军的灭金战役，使金国近五千万人口（包括女真人、汉人、契丹人、奚人等）损耗掉三千多万，余下已不足两千万。原有的七百多万女真人剩下不足十万人，抬眼望去，硝烟弥漫的城墙内外，尸骨遍野，惨烈至极。

后来的一些史学家评论道：金朝盛极而衰，弃厥本根，图存于亡，力尽乃毙。实在是太可怜了。

第三十三章 建立元朝

  1251年的夏天，拖雷的长子蒙哥继任了大汗王位。继位后的蒙哥汗，为了稳固自己的地位，开始重用自己的亲弟弟忽必烈，委任他统领漠南的汉地事务。

  早在七年前的1244年，年轻的忽必烈在漠北做藩王的时候，就立下志愿，有朝一日要大有作为。他崇尚儒家文化，招揽各地的文人儒士来讲经论道，从中学习汉地的文化与制度。他将这些有学问的人组成了一个智囊团，史称"金莲川幕府"。

  由于忽必烈聘请了不少汉儒到王府来做幕僚，使他当时统治的漠南地区百姓生活安定，经济发展繁荣。由于他推行的汉化制度引起了蒙古贵族和王室成员们的不满，时常在背后诋毁他，但忽必烈仍然坚持自己的主张。

由于受儒家传统文化的影响，忽必烈提出了实行中原王朝制度的主张。同时整改邢州吏治，在汴梁设立经略司（在沿边要地设置的军事机构），并在唐、邓两州屯田，收到了显著的治理效果。

上任两年来，由于忽必烈任用众多汉臣整顿吏治、兴修屯田、发展农业、建立学堂，从而取得了北方汉族豪强对他的拥护，为元王朝的建立奠定了社会基础。

1253年八月，忽必烈受命与大将兀良合台从陕西出发，远征丛林密布的云南大理国。1254年初，大理皇帝段兴智被擒。这个在8世纪建立起来的南诏王国，历经了十一个王朝，共延续五百一十六年，到此灭亡。

1256年夏天，在平定大理和吐蕃以后，蒙哥认为伐宋的时机已到，就以南宋扣押蒙古使者为由，亲率大军，兵分三路南下伐宋。中路由皇弟忽必烈率领，南下进攻鄂州（今湖北省武汉市）；南路由大将兀良合台率领一支远征军，去征服越南北部的安南王国，随后北上进攻潭州（今湖南省长沙市）；西路由大汗蒙哥率领大军南渡嘉陵江，从战略要地剑门关（今四川省广元市城南十五公里）切入，夺取了成都及阆州（今四川省东北部），随后进攻合州（今重庆市合川）。

蒙哥一路攻坚克难，一直攻到合州城下，结果遇到了守将王坚的顽强抵抗。蒙哥久攻不下，就想改用劝降碰碰运气，于是派出宋朝降将晋国宝前去劝王坚投降。王坚一见来人是个叛将，气

宋元故事

得青筋暴跳，大喝一声："杀！"吓得晋国宝立刻瘫软在地上，说不出话来。士兵们一拥而上，立即把他斩首示众。

晋国宝的人头很快被扔了回来，蒙哥汗看傻了眼，没想到宋朝还有这么个不知名的悍将，身边还有这么多铁血战士。

王坚为了鼓舞士气，马上在战地召开誓师大会，决心痛击敌人。然后一马当先，开城迎战。手下将士纷纷拼死杀敌，越战越勇，一直战到天黑。蒙哥汗一看毫无胜算，只好下令后撤十里扎营。几天过后再来进攻，又被击退。此后一攻一守，相持数月，久攻不下。

蒙哥汗求胜心切，挑选了精锐将士，亲自督战攻城。王坚令部下做好充分准备，拼力抵抗。双方激战了一个通宵，城下堆尸如山。天刚蒙蒙亮，宋军将士往下看得真切，从城上奋力掷下一块大石，正好砸中蒙哥汗，蒙古军见统帅受重伤，慌忙退兵。

蒙哥汗因攻城受阻，又遇石炮重创，使他心口堵得疼痛不已，一时无心再战，索性退到城外的钓鱼山上，结果重伤不起，于1259年七月病逝。

同年九月初，忽必烈率大军正在进攻鄂州（今湖北武汉）时，蒙哥病亡的消息传来，他认为这是谣传。回想当初和蒙哥分手时他还好好的，怎么可能死了呢？后来，几经证实，忽必烈差点儿晕过去，悲痛地向西跪地，长揖大呼起来："大汗哪！皇兄啊！"

这时，忽必烈部下有个叫郝经的谋士劝他："王爷，人死不能复活，您不能总陷在悲痛中啊。历来国丧期间，难免同室操戈，祸起萧墙。请多想想今后的蒙古汗国，您该怎么掌舵吧！"

赶巧，穆哥亲王来信通报，告知库里台的亲族大会有可能会提议忽必烈的弟弟阿里不哥继任大汗，劝忽必烈尽快率兵返回。郝经听了急忙说："王爷，消息来得太及时了，这时最容易引发争夺皇位、骨肉相残的悲剧，引起天下大乱！您应迅速班师回朝，等您确立了汗位，再议伐宋不迟。"

这些苦口婆心的话没能打动忽必烈，他作为成吉思汗的孙子，深信自己有继承大汗的资格。于是拍了拍郝经的肩膀说："虽然阿里不哥有争夺汗位的可能，但我不怕，这些家庭内部的纷争，没什么大不了的，当今南宋才是我们真正的敌人。关键时刻，怎么能不打敌人，而去打自家人呢？"

见大家都不吭声，忽必烈接着对郝经和众将说："再说，好不容易打到了长江岸边，这时候若仓皇退兵，那不是临阵脱逃吗？"说完，命大将董文炳为先锋，决定一鼓作气打过长江，继续进攻南宋。

刚渡过长江，忽必烈就分兵三路围攻鄂州。由于鄂州军民的奋勇抵抗，蒙古军围困了两个月都没能攻下，其他援鄂宋军反而正在从四面云集过来。

这时，忽必烈的妻子派遣信使来报信说："由于王爷您推行'汉法'，正在失去蒙古保守派贵族的支持，何况蒙哥在出发前并没有指定谁来继承汗位，如今留守国都的阿里不哥，在众人的推举下大有夺取汗位的可能，为此北返回朝已迫在眉睫。"

此时忽必烈才意识到问题的严重性，决定尽快撤兵，但又唯恐宋军乘机追击，正在纠结时，南宋奸相贾似道派人前来议和，居然主动以割地赔款纳绢的屈辱条件，换取忽必烈退兵。这使得原本要仓皇撤退的忽必烈，摇身一变以胜利者的身份归来！

忽必烈急忙接受了贾似道的议和条件，命兀良哈台放弃南下，一道返回开平府（今内蒙古正蓝旗）。1260年三月，忽必烈在汉族豪强和部分蒙古宗王的拥立下即位大汗，即元世祖；四月，元世祖依照汉制设立中书省，总管国家政务；五月，又宣布了即位的诏令，并建元为中统元年。

由于忽必烈依汉制自行称汗，并推行一系列汉法，这一举动，引起阿里不哥及其宗亲王室传统派的强烈反对，他们立即在国都和林召开库里台大会，拥立阿里不哥即位大汗。

随后，忽必烈与阿里不哥展开了长达四年的汗位战争。1264年，阿里不哥战败，元世祖夺得蒙古汗国的最高统治权。

1271年，忽必烈公布《建国号诏》，取《易经》中"大哉乾元"（表示万物皆以乾卦开始，由此统领天道）的含意，正式建国号为"大元"。

如今看来，正是成吉思汗当初统一了蒙古各部，成为蒙古大汗，在中国历史的版图上，才会有他的孙子忽必烈建立的元朝。为了光宗耀祖，元武宗于1309年十一月，追认成吉思汗的庙号为太祖。为此，史学家称成吉思汗为元太祖，1206年即为太祖元年。

第三十四章 襄樊之战

元世祖早年进攻南宋时,耳边常听郝经、郭侃等谋臣献策,使他认识到襄樊地理位置的重要性。到了南宋末年,元世祖听从了南宋降将刘整的建议,确定了先攻取襄阳和樊城,再攻取临安的战略谋划,形成了由川蜀战场向荆襄战场的转变,并决定从中路的襄阳突破。于是,襄阳之战成为元朝攻灭南宋的关键战役。

襄阳地处南阳盆地南端,与樊城分别以汉江为界,唇齿相依,地势十分险要,自古以来是兵家必争之地,也是南宋抵抗蒙古军队的边关重镇。

1264年,忽必烈平定了争夺汗位的内乱后,又在燕京(今北京市)建造新的都城,相继改名为中都、大都,成为当时最为壮观的国际大都会。

随后，他着手整顿军队、训练兵马，并加紧督造战船，紧锣密鼓地在做攻宋的准备。几年下来，具备了进行大规模战争的条件。

刘整原是南宋的抗蒙将领，因为作战勇猛，战功显赫，享有"赛存孝"（《水浒传》中的武林高手）的称号。他对奸臣贾似道在朝中一手遮天、飞扬跋扈、坑害抗蒙将领的行径非常不满。这一来，刘整也遭到了贾似道的心腹吕文焕、俞兴等将领的排挤。刘整虽遭打压，却上诉无门，心中充满了疑惧。

自从贾似道把抗蒙将领向士璧、曹世雄害死在监狱中后，刘整开始坐立不安，担心权倾朝野的贾似道为了排斥异己，随时都会陷害自己。

1261年六月，危机重重的刘整感到走投无路，他想来想去，与其一直等死不如索性反了，随后他以泸州十五郡三十万户的首领身份,率部投降了蒙古军。元世祖高兴极了,马上任命他为夔(kuí)州路行省兼安抚使。宋理宗得知后勃然大怒，命成都安抚副使俞兴讨伐刘整。

曾被同僚俞兴一味嫉妒的刘整，得知这个冤家要来讨伐自己,正想出口恶气，索性将自己的家产分发给了士兵，大伙儿打起仗来一下子有了劲头，双方激战了十几个回合，刘整终于打败了俞兴。

接下来几年，刘整为元朝坚守成都、潼川，立下了汗马功劳。并提出屯兵备战、厚储积粮的图宋大计，得到了元世祖的赏识，官爵也一路提升。

同年夏天，元世祖根据刘整的建议，派使者携了一副玉带前来贿赂南宋荆湖制置使吕文德，请求在襄樊城外置榷场（què

cháng，宋元时期在边境设立的贸易市场），吕文德满心欢喜地收下玉带，笑眯眯地说："发展边关贸易是好事啊！"

元朝使者乐呵呵地接着说："为了保护商贸货物，防止盗贼，我们有必要在襄樊外围筑造土墙，以利于双方的市场安全。"吕文德一听，跷起大拇指说："你们想得真周到，好说，好说！"于是元朝军队立刻在襄樊东南的鹿门山外修土墙、筑堡垒，建立起第一个包围襄樊的据点。

当年在安阳滩展开的水战，蒙古军尽管占了一点上风，却明显暴露出水军不强的弱点。于是，刘整上奏元世祖说："我军虽然兵精将强，所向披靡，但水战仍不如宋军。为此，需要大力建造战船，训练士兵熟悉水战，灭宋就不是什么难事了。"元世祖听完，全权交给刘整来实施这个方案，期盼早日进攻襄樊。

刘整命人打造了五千艘船，日夜操练水军，又得到四川行省所造战船五百艘，于是建立起一支规模庞大的水军，弥补了以往在水战上的劣势，为日后水路进攻打下了坚实的基础。

1268年，忽必烈命刘整、阿术率军围困襄阳和樊城，蒙古大将阿术在襄樊东南鹿门堡和东北白河城修筑堡垒，切断了宋军援襄的路线。第二年，忽必烈又派丞相史天泽相助，在襄阳、樊城二城四周修筑城堡，封锁汉水，多次打退了从各路前来支援的南宋军队。

1270年初，史天泽在襄樊西部筑长围，又在南面的岘山、虎头山筑城，各个堡垒相连，力图切断襄阳与西北、东南的补给线。此时的襄樊长期被围困，宋军粮饷已快断绝。国难当头的关键时刻，天生智力障碍的宋度宗（宋理宗的养子）却把军政大权交给了奸臣贾似道执掌，自己整天和后宫的妃嫔们饮酒作乐。由于南宋历来对内压榨百姓，对外委曲求全，百姓处在暗无天日的生活之中。

蒙军看准宋廷历来软弱、腐败的特点，不失时机地在襄樊城外建立起十多处城堡，实施战略包围。同时，刚刚建立的庞大水军，在战术上形成了压倒南宋的军事优势。

1270年春，守将吕文焕为了摆脱被围困的险境，以一万五千步骑、百余艘兵船，在万山堡（今湖北襄樊市西万山附近）突围。蒙古军万户张弘范按兵不动，一直等到宋军进入埋伏圈，突然出兵伏击，宋军猝不及防，突围失败。

同年九月，宋朝副都指挥使范文虎率领两千艘兵船前来援助襄樊。刘整同蒙古军将领率兵在灌子滩（在今湖北宜城市北）迎战，夺得宋舰三十艘。范文虎一看宋军大败，赶紧换乘小船逃离。

一直到1272年，在近六年的时间里，南宋派水兵十五万，八次救援，均告失败。同年秋天，忽必烈认为灭宋已成定局，于是改国号为大元。此时参知政事阿里海牙建议说："襄阳与樊城唇齿相依，只要先攻下樊城，襄阳不攻自灭。"忽必烈与众将决定采取分割围攻的战术，发起对樊城的总攻。

1273年初，元军分别从东北、西南方向进攻樊城，派兵烧毁了樊城与襄阳之间的江上浮桥，阻断了襄阳的救援线，樊城被完全孤立了。

接着，刘整指挥战船抵达樊城城下，元将忙兀台命部下竖起云梯登城；阿里海牙指挥炮兵，采用威力大、射程远的巨石炮轰

宋元故事

炸城楼，待炸开樊城的西南角后，大军攻入城内。在东北面，元军昼夜鏖战，发起一次次强攻，终于破城而入。南宋守将牛富拼死抵抗，率百余勇士展开激烈巷战，终因寡不敌众，重伤后投火殉国。樊城失陷后，襄阳十万火急。吕文焕又多次派人到宋廷求援，却始终陷入没有援兵的绝境。

1273年二月，元军再用回回炮对准襄阳城，一炮就把城楼轰出个缺口。元军统帅阿术屡次喊话招降，提出如果襄阳愿降，可保全城安全。襄阳守将吕文焕见突围无望，抵抗无效，于是开城投降。

在这场旷日持久的会战中，从蒙将阿术进攻襄阳的安阳滩开始，到1273年襄阳守将吕文焕投降，历时六年，以襄阳失陷告终。这期间，对腐败没落的南宋而言，元军战前准备充分，战略部署严谨周密，同时注重战前的水军训练，在战术上，进攻时机把握得当，着重强调水陆配合，以及对大型投石炮的熟练应用，使其在攻占襄、樊二城中起到了巨大的作用，从而加速摧毁了南宋的城防体系。不得不说，元军一系列有序的战术配合，为日后长驱直入南宋的"心脏"临安开辟了通道。

第三十五章 魂断崖山

襄、樊二城的失守，令人想起公元383年的淝水之战，进攻方同为北方外族，而被动应战的都是偏安南方的中原王朝。只是南宋远没有东晋的运气好，看似先丢掉了大宋在中原的两个城池，可到了后头，输掉的却是整个南宋王朝。

襄樊失守后的1274年，江南已经危如累卵，此时元世祖宣布，南宋犯有叛盟和扣留使节郝经的罪状，下令对宋朝发动全面进攻。在大将伯颜的率领下，元军攻陷鄂州后，顺长江东下，长驱直入，进逼临安。此时，宋度宗驾崩，他四岁的儿子赵㬎登基，成为宋恭宗，朝政由孩子的祖母谢太后主持。

谢太后面临国破家亡，惊恐中把贾似道看成

唯一的救星，要求贾似道亲征，认为只有他才能扭转乾坤。那么这个贾似道是个什么来头呢？

贾似道因他姐姐被选为宋理宗的贵妃而飞黄腾达，成为理宗、度宗、恭帝的三朝元老大臣，从曾经专门吃喝嫖赌的二流子，迅速爬到了右丞相兼枢密使的高位。专横跋扈的贾似道为了敛财，为所欲为，肆意加重人民的税赋负担，使百姓苦不堪言。他一边打击异己、陷害忠臣，一边过着极其荒淫奢侈的生活。

早在1259年，忽必烈从中路抵达鄂州准备攻城时，贾似道受命从湖北黄州速去救援，可他却被吓得私下与蒙古议和，独自签订了割地赔款，一系列丧权辱国条约。使得原本要撤回蒙古、准备去争夺汗位的蒙哥，成了班师回朝的英雄。后来忽必烈前脚一走，贾似道立即叛盟，下令截杀蒙古殿后的几个散兵游卒，用他们的人头向临安报捷庆功，以示取得了抗蒙的胜利，以此博得宋理宗和满朝文武的称赞。这种两面派的做法，造成的负面后果可想而知。

当宋朝举国欢庆这个所谓的胜利时，正遇蒙古国派来的使节郝经前来谈判，贾似道生怕走漏消息，立即把他秘密囚禁起来，以致没有人知道他私下乞和与扣押对方使节这回事。多年后，当襄阳处在被围的危急时刻，他又极力封锁消息，以致延误了宋军的救援时机，加速了宋朝的覆灭。

后来，受命出征的贾似道进抵芜湖，任命原来的殿前副都指挥使范文虎为江防总管。1275年，元军逼近安庆，吓得范文虎魂不附体，全军缴械投降。贾似道没了招儿，只好向元军再一次使出转危为安的和解法宝，没想到元军大将伯颜根本不吃这一套，率军继续挺进，把宋军在芜湖江面的最后一道防线给击溃了。

宋军大败的消息传来，气得谢太后把贾似道免了职，贬谪到循州（今广东省河源市龙川县）。贾似道途经福建漳州时，入住在荒僻的木棉庵。押解他的官差郑虎臣是个血气方刚的汉子，平日里恨透了这个奸臣，他瞅准机会，突然把贾似道生拉硬拽到厕所里，照着肋骨用刀柄猛击，虽不见血，却骨碎而死。随后，一脚将他踹进了满是蛆蝇的茅坑里。

1276年初，元军三路大军会师，扎营在临安以北的皋亭山。面对元军兵临城下，宋廷上下已经乱成了一锅粥。

这时，从赣（gàn）州赶来的州官文天祥和郢（yǐng）州守将张世杰上疏，请太后携幼帝入海暂避战火，二人准备率领守兵背城一战。可谢太后一心只想同伯颜乞和，指派参议官陆秀夫去平江（今江苏省苏州市）见伯颜，表示愿向元朝称侄或称侄孙，只要元朝撤军，一切都好说。不料伯颜不答应，非要宋廷向元"称臣"。

陆秀夫忍气吞声地回到临安复命，谢太后听了不禁抽泣起来，说："若是能保住社稷，哪怕称臣也行啊。"于是，派人携带传国玉玺，出城交与伯颜，准备投降。伯颜收了玉玺，要求南宋丞相亲自去谈判。丞相陈宜中不敢去，生怕被扣留，急忙逃到福州去了。

大将张世杰见朝廷还没抵抗就投降了，一气之下率部出离，屯军到定海（位于长江口与杭州湾的交汇处），以观战局。谢太后只好宣布文天祥做右丞相，要他替陈宜中到伯颜大营去谈判。文天祥到了元营，起初还想说服伯颜退军，以保全南宋残留的江山。老奸巨猾的伯颜不为所动，反而把文天祥扣留在大营。文天祥气得一再抗议，伯颜却装作若无其事的样子说："您别发火呀，两国和议大事，正需要您留下来慢慢商量嘛。"

谢太后得知文天祥被元军扣留，马上又改命贾余庆任右丞相，再次到元营去求降，以示诚意。伯颜得意地告诉文天祥，宋廷又派人来求降了，气得文天祥把贾余庆痛骂了一顿，但朝廷降元已成定局，无法挽回了。二月初五，宋恭帝率百官举行了投降仪式。

不久，文天祥被元军押回大都，路过镇江的时候，趁看守不备，他逃出了元营，乘小船到了真州（今江苏省仪征市南部）。得知张世杰正在福州，接着又往那边赶去。

1276年六月，陈宜中、张世杰在福州拥立宋恭帝的长兄益王赵昰（shì）为帝，改元景炎，进封皇弟赵昺（bǐng）为卫王。陈宜中为丞相兼枢密使，都督诸路军马；张世杰为枢密副使，陆秀夫为直学士。不久，文天祥赶到，诏拜枢密使兼都督。

1277年九月，张世杰派遣两位都统率领十万大军前去收复建昌（今江西省南城县）。结果被元将李恒率部将杀得溃不成军。接着元军又攻破建宁府（福建省三明市下辖的一个县），陈宜中、张世杰等人不得不侍奉幼帝和卫王以及杨太妃登船逃跑。宋帝赵昰乘船到井澳（今广东珠江口外横琴山岛附近海湾）时，忽遇海上飓风，所乘大船被海浪掀翻，幼帝受了这番惊吓，就得了重病。

众人簇拥着小皇帝连忙再乘船入海而逃，本想护送幼帝入占城（越南中南部），实在因风大而不能行。不久，小皇帝禁不住这么折腾，病死在石冈州（现为广东省江门市辖区）。

群臣见少帝驾崩，亡国已近在咫尺，都打算赶紧散伙。这时，平日少言寡语的陆秀夫开口劝阻大家："自古就有以一支小队伍而成就大事的记载，如今度宗皇帝还有一个儿子，好在我们百官健在，士卒数万，天若不灭我大宋的话，现在不是正好可以立国吗？"于是，众人拥立八岁的卫王赵昺为帝，改元祥兴。

消息传到元军营帐，元军江东宣慰使张弘范立功心切，他急忙赶回大都进觐元世祖，说："张世杰拥立赵昺于海上，得到闽、广两地许多民众的响应，大有要重振宋廷的势头。臣建议应派大军剿灭，以免留下后患！"元世祖听后立刻命张弘范为元军都元帅。1278年，在元军的猛烈进攻下，早已大伤元气的宋军节节失利，不得不退守厓山（在今广东省新会县南约四十公里）。

厓山又名厓门山，是一个荒凉的海滩，面对波浪滔天的南海，成为宋末抗元的最后据点。为了防止海风把船吹走，张世杰将大船用绳索依次绑定，以此为垒来守住峡口。

1279年初，张弘范派人招降，张世杰宁死不屈。同年二月，张弘范发动了大规模的海陆攻击，成为宋元之间的大决战。最后元军以少胜多，宋廷全军覆灭。张世杰见大势已去，抽调精兵，带领余部十几只小船，斩断大索突围了出去。后遇狂风暴雨，不幸溺死在平章山下。陆秀夫背着少帝赵昺投海自尽，许多忠臣追随其后，视死如归；十万军民无一人投降，纷纷跳海殉国。

此次战役之后，元朝统一了整个中国。有着三百二十年历史的宋朝，到此灭亡。

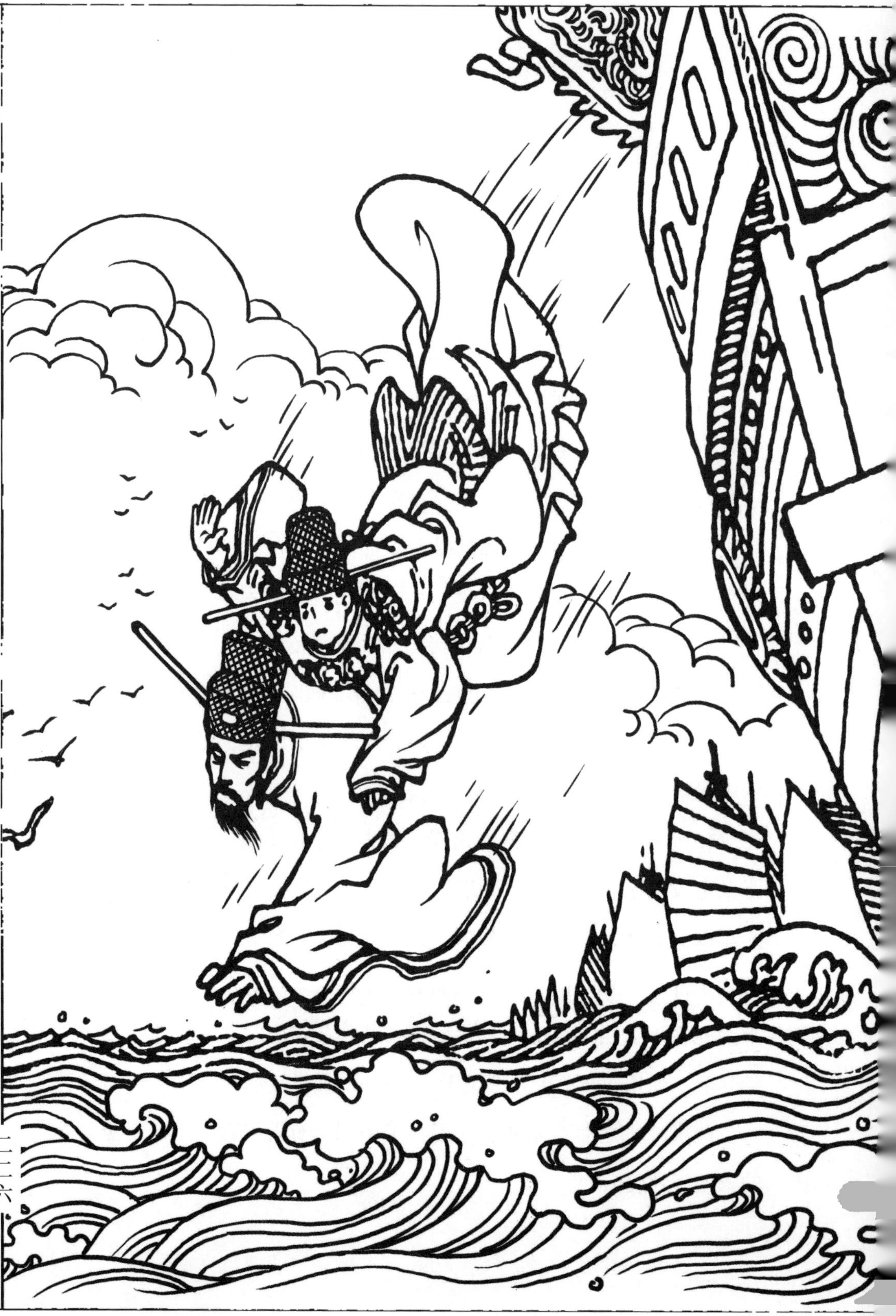

第三十六章 丹心可鉴

年幼的卫王赵昺在福州被众人拥为帝王的时候，文天祥曾赶去朝拜，被封为枢密使兼都督。之后文天祥来到南剑州（今福建省南平市）开督府，成立地方抗元队伍。不久，福建、广东、江西的文臣武将纷纷前来投军，文天祥很快就组建了一支督府军，继续在南海一带抗击元军。

1277年，元军进逼汀州（今福建省龙岩市长汀县），文天祥暂退到广东梅州。经过一番整顿，五月率督府军从梅州出发，会同各路义军配合作战，分别夺回了会昌、雩都、兴国。这时分宁、武宁、建昌三县的豪杰，分别派人到军中接受参战的调遣。又有临川、洪州、袁州、瑞州的义兵前来请求督府纳入编制。文天祥统一做出了战斗部署，随后挥师席卷了赣南一带驻守的元军，收复了大片失地。

1278年十二月二十日，由于叛徒出卖，文天祥及部下在五坡岭遭到元军铁骑的袭击，不幸兵败被俘。文天祥立即吞下两颗龙脑毒丸自杀，但药效已失，未能殉国。后被押送到潮阳（今广东省汕头市潮阳县），由元军元帅张弘范当庭审讯，庭审上两排持棍衙役横眉立目地喝道："威武——下拜——"，吼声震得厅堂嗡嗡响。文天祥大义凛然，目光炯炯，气势威严地站立在大堂中央，震慑了在场的所有人。

张弘范一看，这个敲山震虎的把戏不灵，根本镇不住文天祥，马上笑眯眯地以礼相待，好说歹说，一心想劝降他，企图借助文天祥在同僚中的声望，让他写信给正在厓山抗元的张世杰劝降。

文天祥看了眼摆好的笔砚，冷冷地说："国难当头，兵荒马乱，我连自己的父母都无力相救，怎么能教别人背叛父母呢？"

张弘范仍不罢休，反复进行威逼利诱，一再强迫文天祥写劝降信。文天祥不屑地瞟了他一眼，没好气地说："劝降信我是不会写的，你别费功夫了！"接着提笔创作了一首《过零丁洋》，成为流芳千古的七言律诗。

当张弘范看到"人生自古谁无死，留取丹心照汗青"这两句诗时，不禁暗自惊叹。半晌，他叹了口气，没有再逼迫文天祥，扭头就下达了强攻厓山的命令。

厓山海战后，宋朝彻底灭亡，元军举行庆功大宴，张弘范特意把文天祥请来，对他说："丞相的忠孝仁义都已尽到，如今宋朝已亡，若丞相能够回心转意侍奉元朝，您仍是当今宰相。"

文天祥眼含着热泪说:"我身为宋朝大臣,国家沦亡却不能挽回,已是死有余辜,怎能怀有二心,继续苟且偷生呢?"

张弘范听了暗暗佩服:真是个罕见的义士啊!于是派人护送文天祥到大都。

在前往大都的路上,文天祥曾以绝食的方式自杀,一连八天不吃饭。元军怕他饿死,多次捏住他的鼻子,硬往他嘴里灌稀粥。他这次殉国又没能成功。

1279年十月,文天祥被押解到大都。当时元世祖一直想吸纳有才能的南宋官员入朝,曾听降臣王积翁说:"南宋若论仁义才智,恐怕没有谁能比得上文天祥的。"元世祖于是派王积翁去传达降旨。

王积翁见了文天祥就拱手作揖,五体投地地对他赞赏了一番,最后生怕文天祥执意殉国,又劝说了半天。

文天祥看了眼这个一直钦佩自己的降臣,也懒得骂他,只是长叹了一口气,沉重地说:"国破家亡,我理当以死殉国。你认为我这个亡国的大夫,会为了求生存而舍气节吗?"

王积翁听了感到一阵羞愧,下意识地摇了摇头,算是回答了。文天祥问:"既然如此,那元世祖任用我有什么意义呢?"王积翁无话可说,只好低着头蔫蔫地退回去了。

元世祖不死心,再派降元的原南宋左丞相留梦炎对文天祥进行劝降。文天祥一见这个两面三刀的家伙就没好气,没等他开口,就一顿痛骂,把留梦炎骂得抬不起头,临出牢房对文天祥怯生生地挤出几个字:"骂得痛快!"随后灰溜溜地走了。

后来这个诡诈成性的留梦炎,摇身一变成了元朝丞相。1295

年他死后，浙江人一提起留梦炎就嗤之以鼻："两浙有留梦炎，两浙之羞也。"直到明代，朱元璋规定，凡留姓子孙参加科举考试，必须先声明自己并非留梦炎后代，否则将取消考试资格。

元世祖一看留梦炎灰头土脸地碰了个钉子，就想让降元的宋恭帝赵㬎再去试一试。文天祥一见到宋恭帝，就面朝北，背对着他哀痛地说："圣驾请回！我没什么好说的了。"

宋恭帝自惭形秽，不得不怏怏而去。元世祖几次劝降不成，气得直跺脚，索性将文天祥铐上木枷，关入兵马司的囚牢。

一个月后，元朝丞相孛罗把文天祥提到枢密院亲自审问。文天祥在大堂上昂首而立，孛罗恼羞成怒，喝令左右动手，将文天祥强行按倒在地上，然后问文天祥："你现在还有什么话可说？"

文天祥挺身坐在地上，坦然地说："自古国家兴亡，帝王将相哪一代没有被杀戮？为了宋朝，我只愿早日殉国！"

孛罗见文天祥口气如此强硬，审讯根本无法进行，就想缓和一下气氛，于是把话题一转，问："你说国有兴亡，请问盘古到如今，究竟有多少帝王啊？"

文天祥冷哼了一声，说："一部十七史，你说从哪儿讲？我可没兴趣来这里应考，更没心思跟你在这儿闲扯！"

孛罗没想到当众被文天祥给撅了一顿，气得嘴都歪了，忙喝令将他押回大牢。然后建议元世祖干脆杀了文天祥，但元世祖很赏识文天祥的才华与气节，只回了句："急什么，先关着再说吧。"文天祥被囚禁在大都一间阴暗潮湿的牢房里，恶劣的环境在不断地损耗他的身体，却没能摧毁他的意志。他在牢房中写下了千古

宋元故事

天地有正氣，雜然流形，下則為河嶽，上則為日星。於人曰浩然，沛乎塞蒼冥。皇路當清夷，含和吐明庭。

传诵的《正气歌》，诗歌中颂扬了自春秋战国以来，那些为国捐躯的忠臣义士，文天祥决心效法他们，秉持自己的浩然正气。

文天祥被囚三年后的1282年冬，河北中山府（今河北省定州市）爆发了好几千人的农民起义。相传起义首领是宋代皇室的后裔，提出了"打进元大都，救出文丞相"的口号。这个消息如同炸雷，惊得元朝上下人心惶惶。元世祖终于等不及了，亲自提审文天祥，打算做一番最后的劝降。

他向文天祥承诺："你是天下难得的人才，所以三年来我都不忍杀你。只要归顺元朝，就马上任你为宰相。"

文天祥义无反顾地说："身为宋朝宰相，朝廷对臣信任有加，我效忠国家至死不变，怎么可能委身去做一仆二主的事呢？"

元世祖听了无奈地问道："那你希望我怎么处置你？"文天祥说："赐我一死吧，生为宋臣，愿与国家共存亡。"元世祖怕留着他会有后患，于是下令把文天祥处死。

1283年一月，文天祥戴着镣铐，神色从容地来到刑场。临刑前他面向南方，对着大宋国土遥遥而拜，然后从容地对监斩官说："我的事已了结，死而无憾了。"随后慷慨就义，时年四十七岁。

当文天祥的妻子欧阳氏为他入殓时，在他的衣带中发现了他的绝笔遗言："孔子教导杀身成仁，孟子教诲舍生取义，只要把道义做到了极点，那么仁德也就达到了极致。我们熟读圣贤书，学到的仁义不是一目了然了吗？从今往后，就可以做到问心无愧了。"

文天祥从容不迫、舍生取义的爱国精神，长久以来，始终受到后世的敬仰。

第三十七章 大都政变

元世祖忽必烈在位的时候，曾经立长子真金为皇太子，可是没过几年，真金就病死了。于是忽必烈就在皇太子真金的三个儿子当中选择了排行老三的铁穆耳为皇太孙来继承他的帝位，即后来的元成宗。

1305年，元成宗立自己的独生子德寿为太子，不料刚到年底，短命的德寿就夭折了。元成宗伤心不已，不得不考虑以后由谁来继承自己的皇位。

成宗酗酒成性，荒淫奢靡的生活使他的身体每况愈下，怕是要不成孩子了，于是他想在自己的侄儿中挑选。这时，他那多病的身子骨也不能上朝了，只好由皇后卜鲁罕代为掌朝。

元成宗的两个哥哥甘麻刺（là）和答刺麻八

剌各有三个儿子，可他只对二哥答剌麻八剌的两个儿子——海山与爱育黎拔力八达怀有好感。由于二哥死得早，留下的三个儿子和正妃答吉成了孤儿寡母，其中的大儿子阿木哥是汉族侍女郭氏所生，因此成宗更注重有着蒙古血统的正妃答吉所生的这两个儿子。成宗当朝时，非常喜欢这位二嫂，为此对她所生的两个皇侄也倍加关爱，很早就将海山封为怀宁王，让他统领六万五千军户。

如今，他打算按蒙古"兄死妻嫂"的风俗，将寡妇二嫂答吉纳为妃子。这样一来，她的两个儿子自然就成为了他的儿子，可以顺理成章地继承皇位。

到了1306年，成宗已经打定了续弦的主意，可是皇后卜鲁罕一听到风声就醋兴大发，扬言绝不能容忍纳妃认子的事情发生。她和心腹左丞相阿忽台密谋，趁着成宗病危的时候，找了个借口，将答吉和她的幼子爱育黎拔力八达贬到了怀州（今河南省沁阳市）。

答吉母子非但没能取得妃子、儿子的名分，反倒被皇后赶出了大都。这时，仍在漠北镇守边疆的长子海山却全然不知。

1307年正月，四十二岁的元成宗铁穆耳死于玉德殿，因皇太子德寿早亡，皇位空悬，一心想专权的卜鲁罕皇后与阿忽台合计，决定由自己摄政，阿忽台提议让铁穆耳的堂兄弟安西王阿难答辅政，待时机成熟，再将帝位传给阿难答。

世上没有不透风的墙，这个密谋很快被左丞相的政敌——右丞相哈剌哈孙打探到了，他急忙将成宗逝世的消息派人通知答吉母子，希望他们母子连夜以奔丧的名义赶回大都，再商议怎样把权力夺过来。

爱育黎拔力八达得到消息后有点发蒙，于是请教老师李孟。李孟说："怀宁王远在漠北，即使马上往回赶，恐怕也要耗时多日，再说远水解不了近渴啊。你们母子应急速入京，力争控制局面，方可安抚人心，稳定社稷，等待怀宁王率兵回来主持大局。"母子二人听了，连连点头，次日一早就启程了。

答吉母子一赶到大都，就得到了朝臣的拥戴和支持，他们一同等待着怀宁王海山还朝，力图早日稳定大局。

卜鲁罕皇后得知答吉母子回朝的消息后，忙与安西王阿难答、左丞相阿忽台商量。阿忽台设下计谋，准备在皇后称制的宴会上擒杀答吉母子。这一毒计被右丞相的探子侦破，急忙报告给了主人。

右丞相哈剌哈孙和答吉母子一商量，决定将计就计，定在卜鲁罕皇后三月三日称制宴会的前一天动手。到了三月二日这一天，他们率兵冲入宫中，当场杀了左丞相阿忽台，生擒了卜鲁罕皇后和阿难答。

皇后等人的篡位阴谋被粉碎后，眼下需要确立的是：帝位由海山还是由爱育黎拔力八达来继承呢？

这时，大都的群臣才得知答吉与小儿子差点被皇后杀掉，出于同情，纷纷劝说爱育黎拔力八达继位，拥戴他称帝。而年轻的小儿子却说："我兄长正在漠北驻守边疆，我怎能逾越兄长而称帝呢？"

大伙一听，你一言我一语地又议论起来。这时，爱育黎拔力八达大声说："你们不要再争了，我现在只是暂时监国，等我兄长海山归来，一切由他决定。"随后派出使者，带着传国玉玺一

二三六

路北上去迎接海山。

海山得到父王驾崩的消息后,马上率兵从漠北启程返回大都,在漫长的路途中听说弟弟已经身为"监国",相当于代理皇帝了。心想:老哥还没出山呢,小弟就要上位了?这也太目中无人了吧!一路上郁郁寡欢。不久又有探子来报,说母亲答吉听了阴阳师的卜筮,担心兄长坐上皇位后会短命,打算让弟弟来继承帝位。

这下可把海山惹恼了,忍不住对心腹康里脱脱说:"我守卫边疆辛苦多年,身为长子理应继承先父王位,怎么能轻易听信卜筮之言?我才不管在位的时间长短,哪怕做一天皇帝就死,我也愿意。"

康里脱脱一听,忙安慰海山:"请您少安毋躁,不妨先静下心来,让我去调查一番,再做定论也不迟。"

海山一听,觉得还有希望,于是信誓旦旦地说:"如果我即位,哪怕只坐皇位一日,也一定要上合天意,下慰黎民,匡扶社稷,名垂百世。母亲若做出这样的决定,就请你辛苦走一遭,代我去表白一番吧。"话音刚落,康里脱脱就扬鞭催马上了路。

康里脱脱一到大都,就向答吉皇太后转述了海山的话。答吉听完叹了口气,平静地说:"不错,我是请过阴阳家推算,没想到算出长子武宗在位时间太过短暂,于是才想拥立次子即位。其实,这都是阴阳家的说法,给我提个醒罢了。所以为了儿子海山的健康,爱惜他的生命,我才会有这个想法。他既然不在乎这些,那就让他快点来即位吧。"

康里脱脱又拜了拜,怯怯地问:"多谢太后恩典,不知怀宁王

（即海山）的弟弟会怎么想啊？"

"放心吧，他弟弟并没有贸然即位，只不过先替他兄长看家摄政，临时监国而已。现在正准备和宗王大臣们赶往上都（今内蒙古正蓝旗境内），等待他哥哥返朝即位呢。你马上回去，向海山说明真实情况，千万不要让兄弟之间发生误会和摩擦。"

康里脱脱连忙拱了拱手，谢恩告辞。一路匆匆赶回，见了海山，马上说明了情况，海山这才知道是自己误会了母亲和弟弟。随后海山马上赶往上都，与此同时，答吉母子和宗王大臣们也先后赶到那里，大家按照先王的嘱托，奉海山为皇帝。1307年5月，海山在上都即位，为元武宗。

元武宗即位后，废掉了卜鲁罕的皇后头衔，并将她和阿难答先后赐死。然后追认先父答剌麻八剌为顺宗皇帝，母亲答吉为皇太后。元武宗为了表示对弟弟的感激，于同年六月一日将他封为皇太弟，表明自己日后一旦离世，将由弟弟继承皇位。

果不其然，武宗在位才三年多就驾崩了，年仅三十一岁。母亲答吉一想起阴阳师曾经的告诫，就难过得暗暗流泪，感到又伤心又无奈。大儿子当初偏要当皇帝，殊不知生命无常，做母亲的实在拦不住啊。接下来，她身边的小儿子爱育黎拔力八达即位，就是元仁宗。

第三十八章 元曲纷呈

北宋以来，城市经济发展迅速，手工业和各种行会组织雨后春笋般兴起。到了元朝，海陆交通更加发达，大江南北的城市也随之发生了变化，如大都、苏州、杭州等都市皆汇聚了近百万的人口，一派车水马龙的景象。昔日依傍在街巷中，聚集表演的说唱、杂耍，以及民间组成的各种戏曲班子的勾栏瓦肆（即剧场），在元朝逐渐风靡起来。在众多的表演项目中，以杂剧这种表演形式最符合大众的欣赏口味儿，也最为盛行。

在元朝，读书人的社会地位远不如前朝，在一段时间里，科举考试制度甚至中断了。元朝的统治者为了维护蒙古贵族的统治地位，把全国的人划分为四个等级，即国人（蒙古人）、色目人、汉人（长江以北的民众）和南人（长江以南的民众）。在元代社会，国人和色目人有着特殊的地位，而汉人和南人的社会地位却很卑贱。

由于科举制度的中断，许多读书人无法进入仕途，于是他们投入民间文学的创作中，使元朝的民间文学呈现出一片欣欣向荣的景象。在他们撰写的杂剧作品里，往往是一些嘲弄帝王将相、调侃古圣先贤、讴歌田园生活、赞美纯真爱情的内容。

在这期间，涌现出一批著名的元曲作家和作品。其中，有关汉卿的《窦娥冤》，描写少妇死于冤狱的故事；有王实甫的《西厢记》，写张君瑞和崔莺莺自由恋爱的故事；有马致远的《汉宫秋》，写西汉皇帝刘奭（shì）与宫女王昭君的故事；还有白朴的《梧桐雨》，写唐明皇李隆基与杨贵妃的故事；以及郑光祖的《倩女离魂》，描述了纯真少女为爱情殉身的故事；等等。其中，剧作家关汉卿和马致远、郑光祖、白朴并称为"元曲四大家"，关汉卿位于四大家之首。

关汉卿出生在一个行医世家，从小博学善文，他的医术在当地有些名气，曾被召进宫中做太医院尹。只因他的志向不在行医，不久就辞了官。此后，关汉卿和许多文士一样，仕途无望，对社会现状又不满。好在他生性开朗、洒脱，并没有为此抱憾终身，而是和同时代的许多儒生一样，走进了杂剧艺人的圈子里。

关汉卿交友广泛，一辈子都生活在市民圈里，市井的生活环境给了他熟悉平民的机会，从而获得了取之不竭的创作源泉。由于他虚心学习杂陈的民间文化，无论是民间俗语还是三教九流的行话，都能够兼容并蓄地吸收在他的杂剧和散曲中，在刻画杂剧中的人物时栩栩如生。

在关汉卿的杂剧里，倾注了对人民苦难生活的深切同情，又无情地抨击了黑暗社会，歌颂了人性的真善美。此外，他熟读百家经典，写剧本时，典籍中的词句信手拈来，成为人们公认的"梨园领袖"。

曾有元代作者熊自得，在他记述大都的一部著作《析津志》里，评价关汉卿是"生而倜傥（tì tǎng，意思是卓异、特别、洒脱、不受约束的样子），博学能文，滑稽多智，蕴藉风流，为一时之冠"，可见关汉卿在当时社会中已有着相当广泛的艺术影响力。

关汉卿作为读书人，在元代"八娼九儒十丐"、读书人不受重视的社会环境下，出于对统治阶级等级制度的愤懑与反抗，他曾写下《南吕·一枝花·不服老》这首元曲，决心要做"蒸不烂、煮不熟、捶不扁、炒不爆、响当当一粒铜豌豆"，以示自己不畏强暴的心性，并为此而奋笔疾书，去揭露现实的阴暗面。

元朝把人分为四个等级，把汉人和南人排在社会的底层。在贪腐横行的世道里，冤案多得数不清。仅元成宗时期，朝廷偶尔一查，竟查出一万八千多个贪官污吏，五千多件民间冤案。

百姓的悲惨遭遇，时常在关汉卿心里引起共鸣，一种强烈的呼唤意识，促使他要呐喊、要控诉，要把血淋淋的现实写进作品里。不久，他取材于《列女传》中《东海孝妇》里的民间故事，潜心创作了《感天动地窦娥冤》（简称《窦娥冤》）这部剧本，成为他的代表作，也是元剧史上最著名的一部悲剧。

该剧讲的是：在楚州有个穷书生叫窦天章，因赴京赶考缺少盘缠，就把从小失去母亲、年仅七岁的女儿卖给蔡婆婆家做童养媳。十年后窦娥与蔡氏儿子成婚。不料成婚不到两年，丈夫病逝，只剩下窦娥和她婆婆两人相依为命。

当地有个流氓叫张驴儿，欺负蔡家婆媳无依无靠，就拉着他老爹张老儿一起赖在蔡家，逼迫蔡婆婆嫁给张老儿。蔡婆婆软弱怕欺，勉强答应了。张驴儿又胁迫窦娥跟他成亲，窦娥坚决不从，并当场把张驴儿痛骂了一顿。张驴儿怀恨在心，在羊肚汤内下了毒，打算毒死蔡婆婆后霸占窦娥。张父不知儿子起杀心，还惦记着蔡婆婆呢，结果误喝了毒汤而身亡。张驴儿没想到毒死了自己的父亲，恼羞成怒，居然把杀人的罪名栽赃到窦娥身上，并告到楚州衙门。

楚州太守梼杌（táo wù）是个贪官，接受了张驴儿的贿赂后，竟对窦娥严刑逼供，窦娥受尽拷打，痛得死去活来，仍然不肯承认。随后，太守以拷打蔡婆婆来逼迫窦娥招供。窦娥为了救护婆婆，含冤招认，被判斩首。

临刑前，窦娥满腔冤屈无处可诉，她只能含着热泪向苍天起誓：

"我的冤屈只有老天爷知道。为证明我的清白，立下三桩誓言为证：

一、血溅白练（指刑场上挂的旗帜）：一腔热血洒满旗；

二、六月飞雪：以此昭雪，洗清我的冤屈，还我清白；

三、大旱三年：令楚州这块颠倒黑白的地方干旱三年！"

接下来，窦娥的冤情感天动地，刽子手行刑后，殷红的鲜血

宋元故事

飞溅到高挂的白布上。紧接着狂风大作，飘起了鹅毛大雪，雪花渐渐覆盖在屈死的窦娥身上。那时正值六月天，在场的人们都惊呼起来："窦娥真是被冤枉的呀！"因此，《窦娥冤》一剧又被人们称为《六月雪》。

后来，楚州果真大旱了三年。所有人都为窦娥抱不平，直到窦娥在京城做官的父亲窦天章返回乡里，窦娥的冤案才得到平反昭雪，杀人凶手张驴儿被处以死刑，那个贪官知府受到了严惩。

文学家、翻译家李健吾在评论中国古典戏曲《窦娥冤》时写道："它的悲剧典范性在于单纯有力，像钉子一样越敲越深，又像阶梯一样越升越高。"

早在19世纪30年代，该剧就先后被译成法、英、德、日等国文字，在世界各地广泛流传。1958年，关汉卿被列为世界文化名人之一，受到世界人民的爱戴和敬仰。

第三十九章 独眼后人

元成宗死后,又有九个皇帝相继即位。到了元朝末代皇帝元顺宗时期,统治者更加暴露出荒淫残暴的本性,朝廷日趋腐败,争权夺势十分激烈。政府大量印制纸钞,引起货币贬值、物价飞涨,于是朝廷变本加厉地奴役和压榨汉民,这种恶性循环使得百姓民不聊生,忍无可忍,终于爆发了农民起义。

1344年,黄河连续三次决口,不断向东倾泻,祸及冀、鲁、豫广大地区,六百公里狭长地带上的村庄和农舍,全被淹没,冲入黄海。水灾使广大百姓流离失所,饿殍遍野。

数十万走投无路的灾民,再也不能忍受元朝政府的欺压,各地此起彼伏地发生动乱,发展成大大小小的农民起义。起初，元朝统治者并没有把草民变乱放在眼里，认为政权和军权都在自己手中，如今造反的百姓不过是一些乌合之众，成不了大气候。岂不知民变一旦发生，同政变、兵变一样具有摧毁力。

黄河水灾不仅给人民带来灾难，也严重影响到元朝的财政收入。经元朝政府商议决定，计划把决口的地方堵住，并在黄陵冈另辟河道，疏通河水。

1351年，中书右丞相脱脱任命河防大臣贾鲁为工部尚书，征调了汴梁、大名等地十五万民工和两万兵士，到黄陵冈开挖河道。民工中有一个叫韩山童的河北农民，他的祖父曾经是白莲教的教主，因暗中组织农民反抗元朝，被官府发现后，充军到永年（今河北省邯郸市永年区）。有了这段经历，韩山童从小就立下抗暴的决心，长大后积极组织白莲教来反抗暴政，并吸纳了不少贫民和信徒，其中有性情豪爽、正直仗义的刘福通等侠士。当元朝征调民工挖掘、疏浚黄河到了竣工时刻，韩山童等人决定利用这个机会发动起义。

为了呼唤民众，韩山童编了一副对联，然后组织信徒深入民众当中宣传："白莲花开救百姓，弥勒降世好运来。"这副对联很快传到了河南与江淮一带，百姓们一听，觉得总算有了盼头，一心等着"弥勒"下凡。

看到广大民工和信徒企盼天意，韩山童决定与刘福通等人趁热打铁，让石匠事先雕刻了一具独眼石人，并在石人后背刻上"莫道石人一只眼，挑动黄河天下反"的歌谣，然后将石人秘密埋在河工日后必将开凿的黄陵冈上。安排妥当后，韩、刘等人才把这首歌谣散布出去，民工们听了前一句还不太明白，而听到后一句"天下反"三个字，一下子就来了精神，做人苦到了这个分儿上，恐怕只有起来造反了。

不久，民工们在施工中把这具事先掩埋的石人挖了出来，人人感到惊诧不已。只见石人脸上正是一只眼，再翻过来一看，背上两行刻字已嵌上了黄土，人群大为震动，紧接着一传十、十传百，这件稀罕事很快传遍了工地，十几万民工人尽皆知，大家心里在想：民谣来自天意，已有石人为证。白莲教徒们心花怒放，纷纷议论：许是弥勒真的下凡了，那我们还怕什么呢？

韩、刘二人看准了这个有利时机，召开了三千多人的入盟大会，准备起义。刘福通向韩山童建议："现在朝廷疯狂压迫人民，百姓大多怀念宋朝。若打起复宋的旗帜，拥护的人一定会更多。"

韩山童点了点头，马上向大家宣布："父老乡亲们，我其实姓赵，不姓韩，按辈分还是宋徽宗的第八代孙子呢！"人群一阵骚动，没有人不信他的话，怀念宋朝的人听了更是掌声雷动。韩山童接着说："还有我的伙伴刘福通，他也是南宋大将刘光世的后代，如今要想活出个人样来，只能除暴安邦，夺取天下！"

聚集的民众听了，群情激奋，爆发出一片叫好声。接着大家一致推举韩山童为"明王"。定下了在颍州（安徽省阜阳市颍上县）起义的日子，并规定届时用红巾裹头，作为起义的标志，起义的农民军就被称为红巾军。

在一片激昂的人群声中，首领们正准备歃(shà)血为盟的仪式，

二四八

突然一阵马蹄声由远而近，没想到是一群全副武装的官兵围了上来。原来官府早已得到探子报告，速派兵士前来捉拿煽动造反的头头。手无寸铁的民夫们毫无准备，面对杀气腾腾的官兵，人们立刻四下散去。

官兵抓到了主犯韩山童，把他绑了个结实，立即押往县衙。韩山童的妻子带着儿子韩林儿一路拼命逃离，一直逃到武安（今河北省武安市）躲了起来，总算摆脱了官兵追捕。官府为了杀一儆百，立即斩首了主持起义的韩山童。

刘福通这时也趁乱逃出了包围，他吸取了这次组织松散的教训，决意不再做无谓的牺牲。不久，他把约定起义的红巾军秘密召集起来。

由于元朝统治者对广大民众实行严密控制，规定每二十家编为一"甲"，"甲长"由蒙古人充当，这二十家就成为甲长的奴隶。元朝责成甲长实行监督制，禁止汉人打猎、习武、持兵器、赶集甚至走夜路。

刘福通打好了主意，请求甲长准许汉人之间相送月饼，让家家户户都为大汗祈福。甲长知道汉人有欢度中秋的习俗，如今为大汗祈福，收了见面礼就同意了。刘福通立刻组织人在月饼中央写上"十五子时灭鞑子"的字条，迅速分发了出去。甲长顾不上别的，抱起一盒月饼就啃，吃得津津有味。

很快，人们传密信、吃月饼，到了半夜，复仇的机会来了，还没等鸡叫，所有甲长及其属下都死在了汉人的棍棒之中。随后，红巾军很快攻占了颍州等地。原在黄陵冈留下开河的民工得到消息后，备受鼓舞，趁势斩杀了河官，纷纷来投奔刘福通的红巾军队伍。不到十天工夫，起义军已经发展到十多万人。

在颍州起义的震动下，江淮一带广大地区的农民也纷纷响应。同年，南方起义军的领袖徐寿辉，率部进入江南抗击元朝，并占领了长江中游地区。在众多起义军中，以北方刘福通和南方徐寿辉的两支起义军最为强大，数年来重创了元朝的经济命脉，将元朝南北交通隔绝，使水陆粮运中断，有力地打击了元朝的统治。

声势浩大的南北起义军，五雷轰顶般一次次撼动着元朝，慌了神的元顺帝赶忙调动几支精锐铁骑去镇压红巾军。以往所向披靡的元朝军队，已经变成贪图享乐、整日饱食酒肉的醉汉模样。如今到了气数已尽的时候，只剩下到处抢劫民财和民女这点能耐了。一旦打起仗来，大腹便便的元军将领面对红巾军，还没交锋就心慌意乱，带头飞奔而逃。元军士兵们看到主将临阵脱逃，跑得比贼都快，自己还卖什么力气，于是纷纷四下逃命。

1355年二月，刘福通将韩山童的儿子韩林儿接到亳州（亳，bó，今安徽省亳州市），正式拥立韩林儿为帝，称"小明王"，定都亳州，以"宋"为国号，因皇室姓韩，故又称作韩宋政权。

第四十章 义军争霸

1351年八月，刘福通的红巾军率先在颍州起义的消息传开后，各地起义军烽火燎原，此起彼伏。与此同时，南方起义军首领徐寿辉、彭莹玉在蕲（qí）州（今湖北省黄冈市蕲春县）发动起义，攻陷了蕲水和黄州路（蕲州府所在地）。到了这个火候，彭莹玉等众将一致拥立徐寿辉为帝，立国都于蕲水清泉寺，定国号为"天完"。

天完国成立后，徐寿辉立即调动各路人马，向元朝统治者发动了一系列迅猛的攻击，先后攻占了汉阳、武昌、安陆、江州、岳州、房州和归州等地。到了1352年，徐寿辉率领起义军主力东征，打开了浙皖两地的重要通道，随后攻占了余杭县城，于七月占领杭州，并下令打开元朝府库，将粮食散发给杭州百姓,赢得了当地民众的热烈拥护,小伙子们纷纷加入起义军。

天完国红巾军的日益壮大,引起了元顺帝的恐慌,他急令南方各行省军队与当地的豪强武装,共同镇压红巾军。在一次起义军受到元军的疯狂围剿时,徐寿辉的亲密战友彭莹玉在战斗中壮烈牺牲,这使天完政权遭受了一次严重的挫折。

1353年底,元朝一心想灭掉天完国,调集了江浙、湖广、江西等地官军联合进攻蕲水。尽管红巾军将士进行了英勇抵抗,却因寡不敌众,蕲水城被攻破,四百多名天完将士被杀戮。

徐寿辉为此叹息不已,左右助手向他建议:"胜败乃兵家常事,为避敌锋芒,陛下不妨先带领红巾军退到沔(miǎn)阳(今湖北省仙桃市)的滨湖地区进行整顿,再等待时机反攻。"于是徐寿辉率起义军边战边往沔阳退去。

1354年,江苏起义军领袖张士诚占据了高邮(位于江苏省中部,为古运河道上的一个重镇),自称"诚王",国号"大周"。九月,元朝丞相脱脱率百万大军把高邮团团围住,准备攻下高邮后屠城。曾经被高邮知府纳降、之后又叛逃出来的张士诚,这时后悔不已,想再投降一回知府肯定不灵了,气得连扇自己嘴巴。

人算不如天算,也许张士诚命不该绝,另有抗元的使命在等着他。此时,元丞相脱脱遭到了朝臣宣政院使哈麻的算计,哈麻嫌自己的顶头上司脱脱给他的官太小,于是反复在元顺帝耳边说他的坏话,元顺帝气得居然临阵换帅,一纸诏书将脱脱就地解职,押往吐蕃流放,结果在流放途中被人下毒给弄死了。他麾(huī)

下的百万大军，一时成鸟兽散，张士诚乘机反攻，打击那些没有了首领的元军。

天完国的红巾军主力一看来了机会，于是大举反攻，重新夺取了江西、湖南，控制了四川盆地和陕西的一部分地区。

1353年，二十五岁的朱元璋决定铤而走险，投奔了江淮地区郭子兴领导的红巾军。后来郭子兴病逝，韩宋政权小明王于1355年委任他的儿子郭天叙为都元帅，郭子兴的妻弟张天祐为右副元帅，朱元璋为副都元帅。他们陆续占领了淮河流域和黄河以南的地区，准备渡过长江南征。

1356年，天完国红巾军连续攻下澧（lǐ）州、衡州、岳州等地，次年又攻下峡州及巴蜀诸郡，队伍已发展到几十万人。

同年，元军在攻打江南重镇集庆（今江苏省南京市）时，由于叛徒陈野先出卖，郭天叙不幸牺牲。随后朱元璋杀掉了陈野先，一跃成为名副其实的都元帅兼江南行省平章事（为宰相职衔）。他率部攻陷南京后，改名应天，以应天府（今江苏省南京市）作为自己的根据地。

这时，驻守黄州的徐寿辉部将陈友谅逐渐成为天完政权中掌握实权的宰相。经过重新部署，陈友谅指挥红巾军向江西和安徽进发，先后攻占了安庆、池州、龙兴、瑞州以及赣州。

1359年底，陈友谅移师江州（今江西省九江市），建立了强大的割据政权，名义上以徐寿辉为帝，实际上在天完政权里独揽大权，开始自称汉王。

1360年，陈友谅先后攻下了太平与采石矶。羽翼丰满的他跻踌满志，越发显得骄狂。进驻采石矶后，他派遣部将煞有介事地向徐寿辉报告军情，暗地里设下埋伏，命猛士用铁器砸碎了徐寿辉的脑袋。政变成功后，陈友谅就以采石五通庙为行殿，自立为帝，改国号为"汉"。开始率军大举进攻应天府，想吞并朱元璋的起义军。这时，元朝还远没有被消灭呢，庞大的起义军内部就开始了争权夺利的斗争。

面对陈友谅强大的割据势力，朱元璋倒有些拿不定主意了。这时谋士刘基建议："面对强敌，兵不厌诈，只能用计。"

"好，说来听听。"都元帅正盼着有人出招儿呢。

"我们派个曾给陈友谅当过差的老仆人送信，让他先跟对方讨个官做，再假装承诺做对方的内应，如此一来，不由得陈友谅不信。"

"嗯，然后呢？"朱元璋急切地问。

"然后再给对方提供假情报，建议对方兵分三路攻打应天，以此分散他的兵力。"刘基说到这儿一抿嘴，有些得意地停了停。

"太好了！我们在沿江的几个关口设下埋伏，以举旗为号，各个击破他们。"朱元璋不等他说完，就猜出了他后面的意图。

"元帅英明，所言极是！"刘基拱了拱手，表示赞同。

接下来按计划开始诱敌深入，当陈友谅率舰队按约定赶到应天郊外的江东桥时，环顾四周，却寻不见一个人影儿。这时他才发觉中计，刚想跑，朱元璋挥动黄旗，伏兵奋起攻击，陈友谅的几万大军被打得稀里哗啦，元气大伤，丢下一百多艘战船各自逃命。

捡了条命的陈友谅不甘心，决心要报这个仇。三年中，他造

宋元故事

就了大批战船，亲自统领六十万大军，转而进攻洪都（江西省南昌市）。

　　1363年七月，朱元璋统兵二十万前去救援洪都，陈友谅获悉后，立刻调动主力军去迎战朱元璋，双方在鄱阳湖展开大决战。激烈的水战进行了三十六天。朱元璋的将士充分发挥小船灵活的优势，火攻陈军连锁的大船，最终大获全胜。绝望的陈友谅从船舱向外探头探脑，企图找个空隙突围，结果被一阵乱箭射来，当场丢了命。接着太子陈善儿被擒。陈友谅的太尉张定边趁着黑夜，带上陈友谅的小儿子陈理逃回武昌。后来陈理继位称帝，改年号为德寿。为了斩草除根，朱元璋与部下制订了作战计划，等寒冬过后即亲征武昌。

第四十一章 群雄逐鹿

正当全国起义军都在跟元朝政权苦苦相斗时，只有朱元璋例外，一旦攻陷了集庆路（今南京），就将其改名应天府，并把攻击目标对准了南方红巾军的割据势力，反而不着急去攻打元军。于是，元末风风火火的农民起义，最终演变成起义军内部纷争不断的割据战。

1364年元旦，朱元璋被众将推举为吴王，建立了百官司属机构，开始以"皇帝圣旨，吴王令旨"的名义发布命令。曾在前一年，江苏起义军首领张士诚就已自立为吴王，因此历史上称张士诚为东吴，朱元璋为西吴。

同年二月，朱元璋按计划统兵到武昌督战攻城，少帝陈理的丞相张必先急忙从岳州赶来援救，被朱元璋的部将常遇春击败，并将他绑在城下示众。守城将士一见丞相被俘，吓得惊慌失措。朱元璋一看是时候了，就命陈友谅的旧臣罗复仁入城招降。

罗复仁见了少帝陈理，拱拱手说："先王不幸已故，如今丞相被俘，陛下年少力单，日后要走的路还长着呢。大丈夫能屈能伸，须做长远的打算。何况吴王承诺，只要受降，将善待陛下。"

听了老臣的一席话，陈理含泪点了点头，起身出城投降。朱元璋见年幼的陈理一进营帐就伏地不起，忙上前搀扶，握着他的手说："放心，我不会治你罪的，日后凡需用财物，尽管来府库取吧。"随后封陈理为归德侯，一道返回了应天。至此，成立五年的陈汉政权宣告灭亡。

朱元璋招降了陈理后，下一步要灭的就是附近的张士诚和方国珍了。张士诚早年以贩盐为生，元末发动盐徒起义，于1354年在高邮称诚王，后来在平江（今江苏省苏州市）建都。

1365年十月，朱元璋开始对张士诚的割据势力进行剿灭，一举攻下通州（今江苏省南通市）、兴化、盐城、泰州、高邮、淮安、徐州、宿州、安丰诸州县，将东吴在江北的势力一概扫除。

1366年五月，朱元璋发布檄文声讨张士诚，消息传出，各地割据势力受到不小的震慑，开始分化瓦解。同年十一月，杭州、湖州先后投降了朱元璋，使平江成为一座孤城。

朱元璋一看，平江已指日可破，就派部将廖永忠往滁（chú）州宗阳宫，将刘福通及小明王韩林儿接到应天来，在船渡长江之时，廖永忠命手下将船凿漏，刘福通和小明王被活活淹死。至此，宣告了以龙凤纪年的韩宋政权立国十二年而终结。一度风起云涌的韩宋红巾军，如同蜡烛一般，照亮了别人，消融了自己。接着，朱元璋把即将到来的1367年定为"吴元年"。

朱元璋包围了平江城池，筑起高过城墙的三层木塔楼，以弓弩、火铳（chòng）向城内射击，并加设数门巨石炮，昼夜攻城。随着炮声隆隆，城内一片恐慌。张士诚尽管几次突围均遭失败，但仍然拒绝朱元璋的数次劝降。直至吴元年九月初八，朱元璋率军攻入平江城，张士诚被俘，被押往应天，不久自缢身亡。至此，东吴灭亡。

同年九月，朱元璋乘胜讨伐割据浙东多年的方国珍，多次书信于他，婉言劝降，两个月后，躲避在海上的方国珍终于归降。

这期间，倘若元朝军队趁着红巾军内讧时大举进攻，将是个难得的取胜机会，而元朝不但没有进攻这股红巾军，反而任由朱元璋蚕食般地吞并着南方的割据势力，眼看着他一步步强大起来却无动于衷。原来，在红巾军内部出现分崩离析的时候，元朝内部也是一片混乱，派系党争不断，窝里斗得厉害。

面对此起彼伏的农民起义，皇后奇氏深感大元王朝岌（jí）岌可危，很想让顺帝禅让给二十出头的皇太子爱猷（yóu）识理达腊。消息一传出，朝臣们议论纷纷，就拥立的问题产生了对立的两派：以右丞相搠（shuò）思监和驻军太原的大将扩廓帖木儿为首，支持皇太子取得帝位；另以御史大夫老的沙和驻军大同的大将孛罗帖木儿为首，反对拥立皇太子。

鄱阳湖会战这一年，反对派老的沙弹劾了皇后十分宠信的宦官、资政院使朴不花等人，气得皇后和太子在顺帝面前说了不少老的沙的坏话，顺帝面对自己的母舅老的沙不忍责备，名义上封他个雍王，接着就催他养老还乡。被罢黜的老的沙，心里头直憋气。

这时，他的好友知枢密院事秃坚帖木儿一直被对立面诬陷，正想辞官还乡，与老的沙一碰头，就想去见见在大同的哥们孛罗帖木儿，打算听听他的意见。

二人来到大同，一见到孛罗帖木儿就像见了亲人，委屈地把一肚子苦水都倒了出来。孛罗帖木儿心里也感到憋屈，边安慰他们边安排二人在军中住下。结果此事被中书右丞相搠思监和朴不花知道了，两人立即飞报朝廷，参奏孛罗帖木儿藏匿同党老的沙，并同秃坚帖木儿一道密谋反叛，为此强烈要求朝廷解除孛罗帖木儿的兵权，削去他的官爵。顺帝信以为真，居然派使臣前去颁诏。

诏书一念完，孛罗帖木儿就断定是皇太子和搠思监在背后搞的鬼，对顺帝听信谗言、武断解除自己兵权的做法更是火冒三丈，当下就斩了来使，然后命知枢密院事秃坚帖木儿发兵，直奔大都。

秃坚帖木儿率领大军刚入居庸关，就碰上了朝廷派出的两员大将领兵迎战，结果双双被秃坚帖木儿击败。皇太子得知后惊恐万分，为了保命，带着侍卫亲兵慌忙逃向古北口外。秃坚帖木儿接着率部进入清河，列阵击鼓，以示军威，明摆着跟皇上叫板。

这时，朝廷上下慌乱不已，元顺帝只好派国师达达劝秃坚帖木儿退兵。秃坚帖木儿说："退兵不难，只要将奸相搠思监、宦官朴不花送到军前，我就撤兵。"

这下顺帝急得干瞪眼，心想："朕不能为了这两个家伙丢了皇位呀！"只好一咬牙交出了这两个朝官。秃坚帖木儿见了这对冤家，二话没说，令军士当场砍死。

顺帝为了息事宁人，官封秃坚帖木儿为平章政事，恢复孛罗帖木儿的官爵，并加封太保，仍镇守大同。秃坚帖木儿杀了两个奸臣，替哥几个出了气还升了官，心想：这趟大都来得实在值！于是欣然退兵。

躲避在古北口外的皇太子见秃坚帖木儿已退去，马上又回到京城。得知同党搠思监、朴不花被砍杀，皇太子气得差点吐了血，思来想去，想到了孛罗帖木儿的死对头，于是下令给驻军太原的大将扩廓帖木儿，命他去讨伐孛罗帖木儿。

扩廓帖木儿与孛罗帖木儿向来不和，他们父辈为抢夺地盘，曾经在山西一带展开过拉锯战，为此埋下了多年积怨。此时扩廓帖木儿接到皇太子密令，心想：报仇的机会终于来了，于是立即调集人马，准备出征。孛罗帖木儿听到了信儿，决定暂不理会扩廓帖木儿，布置好留守大同的兵将后，亲率大军和秃坚帖木儿、老的沙等将领再次进攻京城。一路尘烟四起，如入无人之境，挥师到了健德门外，才停下来整顿休息。

皇太子一听到风声，又逃往太原找扩廓帖木儿去了。顺帝早就清楚皇太子是想逼自己退位，正独自伤怀不已。这次见了孛罗帖木儿他们，委屈得忍不住落下泪来。寒暄一番后，顺帝赐宴招待，并提升孛罗帖木儿为右丞相，统帅天下兵马，老的沙为中书平章政事，秃坚帖木儿为御史大夫。他们三人的属下也都升了官。

自从孛罗帖木儿掌握军政大权以后，完全变了模样，整日穷奢极欲、荒淫无度，动不动就囚禁皇后、强抢公主，肆无忌惮地折腾个没完，惹得朝廷上下人人愤恨，敢怒不敢言。

　　1365年，元顺帝实在忍无可忍，密令威顺王之子和尚、伯颜达儿等众将，事先设下埋伏，待孛罗帖木儿入朝时，伯颜达儿一个箭步向孛罗帖木儿砍去，孛罗帖木儿脑袋当场开了花，没了气儿。接着大开杀戒，杀尽孛罗帖木儿的党羽，包括老的沙、秃坚帖木儿等，瞬间多人命丧宫廷。

　　后来，元顺帝下诏封扩廓帖木儿为河南王，命他调度天下兵马来肃清江淮的红巾军。扩廓帖木儿虽然统揽了军权，但元朝经过此番内耗，气数已尽，离灭亡的日子不远了。

第四十二章 元朝覆灭

元顺帝诛灭了孛罗帖木儿及其同党以后，为了打消太子的顾虑，派人带着孛罗帖木儿的人头，专门到太原召太子回京。在返京的路上，扩廓帖木儿接到皇后奇氏的密信，命他率兵拥太子入城，然后以军队要挟顺帝禅位。扩廓帖木儿不想沾上篡位的事，偏偏不听皇后的话，一到京城就遣返了随行军士，只带了数名随从进入大都。

皇后和太子一看扩廓帖木儿根本不合作，这即位的好事眼瞧着给弄吹了，于是整天寻思着给这位朝廷重臣使绊子。虽然顺帝任命他为丞相，手握军政大权，但由于皇后和太子到处安插密探，他走到哪里，都有一双眼睛盯着他，使他寸步难行，搞得他浑身难受。

没几天，扩廓帖木儿快让他们娘俩给憋疯了，他一琢磨，干脆率兵打仗去，也比闷在朝廷里受气强。于是奏请顺帝："陛下，当今贼寇四起，陕、晋、冀、鲁一带草寇尤为猖獗，已危及我大元社稷。与其坐失江山，不如尽早剿灭。为此，臣愿请命，率部下前往征讨。"

顺帝一听暗暗高兴，他眼下正愁缺少镇压红巾军的将领呢，于是马上准奏。1365年十月，加封扩廓帖木儿为太傅河南王，任陕、晋、冀、鲁等省的军政要职。

扩廓帖木儿一离开京城，就觉得神清气爽，马上命令由他管辖的各路将军随他南下，去进攻江淮一带的红巾军。结果传来报告，陕西参政张良弼首先不从。原来他曾和扩廓帖木儿的父亲察罕帖木儿有冤仇，所以拒不受命。于是，扩廓帖木儿以镇将不受调遣，阻碍讨贼为由，派兵率先攻打张良弼。不料张良弼联合了关陕地区的元军将领李思齐、孔兴、脱列伯等人，组成联盟共同抗击扩廓帖木儿。

1367年，当南方同根相煎的红巾军硝烟散尽，胜出者朱元璋回过头再看北方时，发现元朝的各派势力正在互相争斗，打得不可开交，好像早把南方的红巾军给忘了。朱元璋终于松了口气，心想：如今南方的割据势力已经剿灭，扫除了北伐的后顾之忧，现在蒙古人又忙着窝里斗，这正是北伐的好时机，还等什么呢？

于是，朱元璋正式下令北伐，并发布讨元檄文。在一代名臣宋濂（lián）等人草拟的讨元檄文中，提出了"驱逐胡虏，恢复中华，立纲陈纪，救济斯民"的口号，以此号召各地民众共同起来抗元。

同时指出蒙古、色目等少数民族虽不是汉族，只要愿意臣服，可以与汉人享有同等权利，这一政令，体现了较为开明的民族政策。

在北伐的战略部署上，朱元璋提出了一系列详细的作战计划：

一、首先夺取山东，消除屏障；

二、随后进兵河南，切断羽翼；

三、接着夺取潼关，占据门槛；

四、最后进军大都，端掉老窝。

1367年十月，朱元璋麾下的二十五万军队，由大将军徐达、平章军国事常遇春率领，浩浩荡荡地向北方挺进。声势浩大的北伐大军，致使山东、河南、陕西等地的元军要么不战而降，要么闻风而逃。大军一路几乎兵不血刃。

同年十二月，徐达等率军由淮安北上，准备攻入山东。老将扩廓帖木儿并没把徐达和常遇春当回事，他将主力都调到与他争权的元将李思齐那里去了，把偌大的山东留给了弟弟脱因帖木儿驻守。可他弟弟根本不是徐达、常遇春的对手，当山东境内的沂州、峄（yì）州、般阳、济宁、莱州、济南等地相继被攻陷后，脱因帖木儿一时还没醒过味儿来，以为是自己做了个噩梦。

北伐军占领了山东全境的消息传回应天，朝廷百官振奋不已，看到推翻元朝指日可待，中书右丞相李善长率领百官奏请朱元璋正式建国称帝。1368年初，朱元璋在应天府奉天殿即皇帝位，国号大明，建元洪武，定都应天府，建立了明王朝，朱元璋就是明太祖。

此时，北伐军并没有停下脚步，当明军大破脱因帖木儿后，继续按原计划进攻河南。当时洛阳守将脱因帖木儿在城外聚集了五万军队，准备拼死一战。哪知元军士气丧尽，被常遇春部下黑压压十几万兵马一冲，即刻溃不成军，被打得一败涂地。

当年扩廓帖木儿用了十年工夫，收复了陕西到山东的广大中原地区，如今朱元璋军队仅仅用了八个月就已经全部夺回！几年间，朱元璋通过逐一扫除南方的割据势力，实力越来越强，成为起义军中最强盛的队伍。

这时的元朝势单力孤，北伐军大多不战而胜。朱元璋趁势再派兵西进山西、陕北、关中、甘肃，几乎横扫西部。按计而行的北伐大军，率先攻取了山东、河南后，西进攻下汴梁，然后挥师潼关。

正当李思齐、张良弼等人联盟讨伐扩廓帖木儿时，元顺帝心急如焚地多次下诏书，令他们务必以大局为重，停止内斗，立刻出兵潼关抵御明军，但二位元朝骁将更热衷于围剿老冤家扩廓帖木儿，直到明军进入河南地界，才不得不领兵退守潼关。这时，张良弼的兵营突然被明军放了一把大火，兵士被烧得焦头烂额，抱头鼠窜。眼看明军就要进入潼关，李思齐忙丢下辎重，往凤翔逃去，紧接着张良弼也带领残部往宁夏出逃。

明军占领潼关后，赶到汴梁的朱元璋下令停止西进，马上召集将领开会，制订进攻大都的计划。随后徐达率军北上，攻破卫辉（今河南省卫辉市）、广平（今河北省邯郸市广平县），在临清（在今山东省）与山东明军会合后，急速向北挺进，途中攻破长芦（今河北省沧州市）、直沽（今天津市），接着大军向通州（今

宋元故事

北京市通州区）压过来。

等到通州一失陷，眼看大都就守不住了，元顺帝立即召集群臣，做出了"绝不能重蹈北宋徽、钦二帝覆辙"的决定，打算不战而逃。将领们极力劝阻，宦官赵伯颜不花失声痛哭道："这是世祖的天下啊，皇上怎能轻易放弃？我愿率军民出城抗敌，恳请皇上留守京都。"此时的顺帝早已吓破了胆，权当没听见，一心想着逃回大草原去。

1368年七月二十八日夜晚，元宫上的"大明殿"三个字，在月夜下格外醒目，元顺帝依依不舍地望着，直刺得他双眼流泪。顺帝不忍再看，忙扭过头，带上三宫后妃、皇太子等人直奔健德门，马不停蹄地连夜跑出居庸关，一路逃往大草原。

八月三日，徐达率明军浩浩荡荡地进入大都城。至此，元王朝灭亡了。

曾一度向元顺帝请战的扩廓帖木儿，前不久刚与自家的两位元将打得天昏地暗，虽然没能分出胜负来，却也消耗掉不少元气。此时得知明军不费一兵一卒就占领了大都城，心里憋得实在难受，他想：既然手握重兵，再从山西杀回大都拼个你死我活，说不定还有几分胜算呢！于是这员悍将率领十万大军，孤注一掷地直奔大都，却也只能是飞蛾扑火，无法挽回元朝灭亡的趋势。

朱元璋仅仅用了十个月的时间，以很小的代价占领了整个北方。明朝的建立，使伤痕累累的中华大地得以休养生息。

出版后记

　　《故事里的中国历史》系列后五本由林力平先生创作完成。为保持系列图书通俗化的特有风格,林力平先生以历史为脉络,但又不拘泥于历史本身,进行了充满趣味性的再创作。

　　林力平先生不忘祖父重托,殚精竭虑坚持创作,其间因劳累两度入院。为配合出版工作,他分秒必争,竟带病审核文稿,其情其志感人至深。林力平先生的文风亦雅亦俗,浑然自成一家,为保持作品的"原汁原味",我们在编辑过程中秉持"尊重原貌"的原则,不做过多修改,以期为读者呈现作品最完整的风貌,希望能为读者带来不一样的阅读体验和收获。